Kohlhammer

Die Autorin

Katrin Boger, approbierte Kinder- und Jugendpsychotherapeutin für Verhaltenstherapie und Tiefenpsychologie, spezielle Psychotraumatologie für Kinder und Jugendliche (DeGPT), EMDR-Therapeutin und EMDR-Supervisorin, Hypnotherapeutin, bindungsorientierte Psychotherapie nach Brisch, seit 2010 niedergelassen in eigener Praxis und seit 2015 Leiterin des Weiterbildungszentrums für Pädagogik und Psychologie WZPP in Aalen, mit regelmäßigen Kursangeboten an verschiedenen Standorten in Deutschland sowie in der Schweiz und in Österreich.

Katrin Boger

Integrative Bindungsorientierte Traumatherapie bei Kindern, Jugendlichen und jungen Erwachsenen

Vorsprachlichen Traumata
hilfreich begegnen

Verlag W. Kohlhammer

Dieses Werk einschließlich aller seiner Teile ist urheberrechtlich geschützt. Jede Verwendung außerhalb der engen Grenzen des Urheberrechts ist ohne Zustimmung des Verlags unzulässig und strafbar. Das gilt insbesondere für Vervielfältigungen, Übersetzungen, Mikroverfilmungen und für die Einspeicherung und Verarbeitung in elektronischen Systemen.

Pharmakologische Daten, d. h. u. a. Angaben von Medikamenten, ihren Dosierungen und Applikationen, verändern sich fortlaufend durch klinische Erfahrung, pharmakologische Forschung und Änderung von Produktionsverfahren. Verlag und Autoren haben große Sorgfalt darauf gelegt, dass alle in diesem Buch gemachten Angaben dem derzeitigen Wissensstand entsprechen. Da jedoch die Medizin als Wissenschaft ständig im Fluss ist, da menschliche Irrtümer und Druckfehler nie völlig auszuschließen sind, können Verlag und Autoren hierfür jedoch keine Gewähr und Haftung übernehmen. Jeder Benutzer ist daher dringend angehalten, die gemachten Angaben, insbesondere in Hinsicht auf Arzneimittelnamen, enthaltene Wirkstoffe, spezifische Anwendungsbereiche und Dosierungen anhand des Medikamentenbeipackzettels und der entsprechenden Fachinformationen zu überprüfen und in eigener Verantwortung im Bereich der Patientenversorgung zu handeln. Aufgrund der Auswahl häufig angewendeter Arzneimittel besteht kein Anspruch auf Vollständigkeit.

Die Wiedergabe von Warenbezeichnungen, Handelsnamen und sonstigen Kennzeichen in diesem Buch berechtigt nicht zu der Annahme, dass diese von jedermann frei benutzt werden dürfen. Vielmehr kann es sich auch dann um eingetragene Warenzeichen oder sonstige geschützte Kennzeichen handeln, wenn sie nicht eigens als solche gekennzeichnet sind.

Es konnten nicht alle Rechtsinhaber von Abbildungen ermittelt werden. Sollte dem Verlag gegenüber der Nachweis der Rechtsinhaberschaft geführt werden, wird das branchenübliche Honorar nachträglich gezahlt.

Dieses Werk enthält Hinweise/Links zu externen Websites Dritter, auf deren Inhalt der Verlag keinen Einfluss hat und die der Haftung der jeweiligen Seitenanbieter oder -betreiber unterliegen. Zum Zeitpunkt der Verlinkung wurden die externen Websites auf mögliche Rechtsverstöße überprüft und dabei keine Rechtsverletzung festgestellt. Ohne konkrete Hinweise auf eine solche Rechtsverletzung ist eine permanente inhaltliche Kontrolle der verlinkten Seiten nicht zumutbar. Sollten jedoch Rechtsverletzungen bekannt werden, werden die betroffenen externen Links soweit möglich unverzüglich entfernt.

1. Auflage 2025

Alle Rechte vorbehalten
© W. Kohlhammer GmbH, Stuttgart
Gesamtherstellung: W. Kohlhammer GmbH, Heßbrühlstr. 69, 70565 Stuttgart
produktsicherheit@kohlhammer.de

Print:
ISBN 978-3-17-044352-5

E-Book-Formate:
pdf: ISBN 978-3-17-044353-2
epub: ISBN 978-3-17-044354-9

Inhalt

Abkürzungsverzeichnis 7

Vorwort 9

1 Grundlagen der I.B.T.-Methode 11
    1.1   Formen früher Traumata inkl. Bindungstraumata 11
    1.2   Bedeutung von Bindung 16
    1.3   Auswirkungen früher unverarbeiteter Traumata auf das weitere Leben 21
    1.4   Welche Traumafolgesymptome sind häufig im Alltag erkennbar? 24
    1.5   Gehirn- und Neurophysiologie bei traumatischen Ereignissen 28
    1.6   Stabilisierung als Voraussetzung für das traumaintegrative Arbeiten 29
        1.6.1   Grundvoraussetzung: Die Stabilität der Behandler*innen 30
        1.6.2   Erkennen von Reinszenierungen und der professionelle Umgang damit 31
        1.6.3   Besondere Bedeutung von Feinfühligkeit im therapeutischen Prozess 35
    1.7   Stressregulationsstrategien 36
    1.8   Klassische Stabilisierungsübungen 40
        1.8.1   Sicherer Ort 40
        1.8.2   Tresorübung 42
        1.8.3   Lichtstromtechnik 43
    1.9   Ressourcen-Anteile entwickeln und inneres Trösten im therapeutischen Prozess 44

2 Praktische Arbeit mit der I.B.T.-Methode 52
    2.1   Die drei Phasen von I.B.T. bei Kindern, Jugendlichen und jungen Erwachsenen mit und ohne Einbeziehung der Bezugspersonen 57
    2.2   Phase 1: Befunderhebung und Diagnostik 57
        2.2.1   Phase 1: Erhebung der Anamnese 59
        2.2.2   Phase 1: Miteinbezug von Eltern 62

	2.2.3	Phase 1: Miteinbezug von Pflegeeltern und Bezugsbetreuer*innen	65
2.3		Phase 2: Innerer Ressourcenaufbau	67
	2.3.1	Phase 2: Installieren von inneren Ressourcen	68
	2.3.2	Phase 2: Arbeit an der Bindung zwischen Bezugspersonen und Kind (bei Einbeziehung von Bezugspersonen)	70
2.4		Phase 3: Traumaintegrative Arbeit mit und ohne Einbeziehung der Bezugspersonen	72
	2.4.1	Phase 3a: Kumulative Traumata mit Einbeziehung der Bezugspersonen	72
	2.4.2	Fallbeispiel Patrick, 9 Jahre, mit Bezugsbetreuerin – Bindungstraumatisierung	76
	2.4.3	Fallbeispiel Max, 11 Jahre, mit Mutter – Geburtstrauma	83
	2.4.4	Phase 3b: Kumulative Traumata ohne Einbeziehung der Bezugspersonen	88
	2.4.5	Fallbeispiel Antonia, 17 Jahre	90
	2.4.6	Phase 3c: Frühe Traumata bei rein körperlichen Symptomen ohne bewusste Traumaerinnerungen	95
	2.4.7	Fallbeispiel Marie, 20 Jahre	99

Literatur **106**

Stichwortverzeichnis **109**

Abkürzungsverzeichnis

ACE	Adverse Childhood Experiences
ADHS	Aufmerksamkeitsdefizit-/Hyperaktivitätsstörung
ANP	Anscheinend Normaler Persönlichkeitsanteil
APA	American Psychological Association
AWMF	Arbeitsgemeinschaft der Wissenschaftlichen Medizinischen Fachgesellschaften
DSM	Diagnostic and Statistical Manual of Mental Disorders
DTD	Developmental Trauma Disorder
EMDR	Eye Movement Desensitization and Reprocessing
EP	Emotionaler Persönlichkeitsanteil
f EP	fragiler Emotionaler Persönlichkeitsanteil
HHNA	Hypothalamus-Hypophysen-Nebennierenrinden-Achse
I.B.T.	Integrative Bindungsorientierte Traumatherapie
ICD	International Statistical Classification of Diseases and Related Health Problems
ISPPM	Internationale Studiengemeinschaften für Pränatale und Perinatale Psychologie und Medizin
k EP	kontrollierender Emotionaler Persönlichkeitsanteil
kPTBS	komplexe Posttraumatische Belastungsstörung
PfC	präfrontaler Cortex
PTBS	posttraumatische Belastungsstörung
r EP	ressourcenbesetzter Emotionaler Persönlichkeitsanteil

Vorwort

Auf einer Fachtagung 2022 referierte Prof. Dr. Dr. Gerhard Roth darüber, wie bedeutend die Zeit in der Schwangerschaft und der ersten zwei Lebensjahre für unsere Persönlichkeitsentwicklung sei. Diese Worte wirkten lange bei mir nach und beschäftigen mich bis heute. Ich bin selbst Mutter zweier Söhne und weiß noch zu gut, wie aufregend die Schwangerschaften und die erste Zeit mit zwei kleinen Jungen war. Unerfahren als Mutter, verunsichert durch verschiedenste Elternratgeber, privat in einer unsicheren finanziellen Lebenssituation und beruflich gerade erst am Beginn einer Praxistätigkeit stand ich gemeinsam mit meinem Mann vor großen Herausforderungen. Wir waren und sind uns unserer großen Verantwortung gegenüber unseren Kindern bewusst und geben unser Bestes, auch wenn wir uns zeitweise hilflos oder auch mal überfordert gefühlt haben und zeitweise immer noch tun. Sorgen und Ängste, ob wir alles richtig machen und ob wir ausreichend gute Eltern sind, beschäftigen uns immer wieder und tun es bis heute. Aus Gesprächen mit anderen Eltern weiß ich, dass wir nicht allein sind mit diesen Sorgen und Nöten. Wir haben sicherlich nicht alles perfekt gemacht, und werden es auch zukünftig nicht, und hoffen dennoch sehr, dass wir angelehnt an den Gedanken von Winnicott *good enough parents* sind. Was ich mit Sicherheit aber sagen kann, ist, dass wir unsere beiden Kinder von ganzem Herzen lieben, genauso wie sie sind, und sehr stolz sind, ihre Eltern sein zu dürfen.

In meiner praktischen therapeutischen Tätigkeit begegnen mir Menschen jeden Alters, deren Start ins Leben holprig oder von (traumatischen) Ereignissen geprägt war. Diese Menschen berichten mir von verschiedensten psychischen und körperlichen Symptomen. Manchmal ist die Diagnose eindeutig. Zum Teil können die Symptome aber nur schwer bestimmten Diagnosen zugeordnet werden. Einige Diagnosen würden passen, jedoch irgendwie auch nicht so richtig. Es kommen damit immer wieder Patient*innen in meine Praxis, die durch das klassische Diagnostiksystem fallen, da ihre Symptomatik keiner Diagnose klar zuzuordnen ist bzw. sie die Kriterien fast sämtlicher Diagnosen erfüllen. Dies kann zu einer großen diagnostischen und therapeutischen Herausforderung werden. Rekonstruiere ich mit den Patient*innen ihre Lebensgeschichte ab dem Zeitpunkt vor ihrer Zeugung, über die Zeugung, die Schwangerschaft, die Geburt und die ersten Lebensjahre bis heute, werden die von ihnen gezeigten Symptome als Überlebens- und Bewältigungsstrategien überaus verständlich und nachvollziehbar. Würden die Patient*innen nicht unter ihren Symptomen leiden, käme der Gedanke auf, dass es doch völlig *logisch* und *normal* ist, dass sie so sind wie sie sind. Schließlich hat jeder Mensch das Recht auf seinen höchstpersönlichen Wahnsinn. Leben und leben lassen in einer toleranten Gesellschaft. Leiden die Patient*innen allerdings unter ihren Überlebensstrategien, da diese unter Umständen dysfunktional sind und damit zwischenmenschliche Schwierigkeiten mit sich bringen, wäre es hilfreich, diese Strategien verändern zu können. Leider ist dies leichter gesagt als getan. Besonders wenn diese Strategien Überlebensstrategien sind, die zum Überleben verholfen haben, und die Ereignisse, die diese notwendig gemacht haben, noch nicht verarbeitet worden sind. So lange die darunterliegenden belastenden Ereignisse noch fragmentiert, d.h. nicht verarbeitet wurden, und durch Trigger aktivierbar sind, sind die daraus entstandenen Symptome als Überlebensstrategien sehr schwer bis gar nicht veränderbar. Damit liegt die Schlussfolgerung nahe, wir müssen die Patient*innen auf Grundlage ihrer gesamten Lebensgeschichte verstehen und sie darin unterstützen, vergangene Belastungen zu integrieren, dysfunktionale Überlebensstrategien abzulegen und neue Bewältigungsstrategien aufzubauen. Diese Unterstützung sollte unabhängig von Alter, Geschlecht, Beeinträchtigungen, Kultur und Herkunft etc. – aber auch Diagnose und Ausprägung der Symptomatik sein. So lange die Patient*innen Hilfe suchen, da sie einen Leidensdruck haben, sollte sie diese Unterstützung auch bekommen.

Mit diesem Gefühl als Mutter und Therapeutin liegt es mir als Kinder- und Jugendpsychotherapeutin besonders am Herzen, Menschen, die in ihrer ersten Lebenszeit belastenden Lebensereignissen ausgesetzt waren und noch Jahre danach an den daraus resultierenden Folgen leiden, Unterstützung anzubieten. Sie sollen sich von mir wahrgenommen und gesehen fühlen und erleben dürfen, dass auch noch Jahre später eine Integration dieser Erlebnisse möglich ist. Die I.B.T.-Methode ist eine von verschiedensten Methodenansätzen, die eine Verarbeitung von frühen Traumata auch noch in späteren Lebensjahren ermöglicht.

1 Grundlagen der I.B.T.-Methode

Die I.B.T.-Methode hat sich ursprünglich aus der praktischen traumaintegrativen Arbeit mit Säuglingen, Kleinkindern und Vorschulkindern und deren Familien entwickelt. Im Laufe der Zeit kamen zunehmend »ältere« Patient*innen mit vorsprachlichen bzw. Traumata vor dem fünften Lebensjahr und ihren Familien auf mich zu und fragten, ob diese Methode nicht auch für sie anwendbar wäre. Da mit Kindern, Jugendlichen und jungen Erwachsenen nicht identisch wie mit Säuglingen gearbeitet werden kann, sah ich mich vor der Herausforderung, die I.B.T.-Methode für die nun ältere Zielgruppe weiterzuentwickeln, in dem ich zusätzliche Methoden und Aspekte miteinbezog. So versteht sich die I.B.T.-Methode mehr denn je als eine integrative Methode und bezieht verschiedene bewährte Aspekte und Übungen der traumaintegrativen und psychotherapeutischen Gedankenwelt mit ein. Um diese Methode in ihrer Gänze verstehen zu können, ist es bedeutend, zuerst die einzelnen Elemente für sich selbst zu beleuchten und im Praxisteil als Großes zusammen zu setzen. So werden in diesem ersten Teil die Entstehung und Formen früher Traumata sowie deren langfristige Folgen bei ausbleibender Integration dargestellt. Auch soll auf die strukturellen und inhaltlichen Voraussetzungen dieser Arbeit, Stabilisierungs- und Stressregulationsmöglichkeiten für die Patient*innen und das Erkennen und Erarbeiten verschiedenster innerer Anteile bei Patient*innen eingegangen werden. Diese Grundkenntnisse und Methoden sind notwendig, um die I.B.T.-Methode zu verstehen, aber auch anwenden zu können.

1.1 Formen früher Traumata inkl. Bindungstraumata

Nach den Forschungen u. a. des Gehirnforschers Prof. Dr. Dr. Gerhard Roth ist die Lebenszeit ab Zeugung bis zum Ende des zweiten Lebensjahres die für das gesamte weitere Leben prägendste Zeit (Roth & Strüber, 2016). Kein späterer Zeitpunkt im Leben habe so großen Einfluss auf unsere gesamte Gehirnentwicklung und damit auf unsere Wahrnehmung von uns selbst, unserer Umwelt und damit verbunden, wie wir reaktiv mit unserer Umwelt in Kontakt treten. Nach dem Schlüssel-Schloss-Prinzip wird die Arbeitsweise unseres Gehirns und damit, wie wir mit der Umwelt in Kontakt treten und wie wir auf unsere eigenen Bedürfnisse reagieren, durch bestimmte Hormonsysteme beeinflusst (Strüber, 2019). Bereits in der Schwangerschaft wird die Gehirnentwicklung und damit die Wirkmöglichkeit bestimmter Hormonsysteme durch individuell verschiedene Genvarianten (Allele), die bei der Zeugung durch die Eltern mitgegeben werden, geprägt. Ebenso programmieren bereits in der Schwangerschaft Stresshormone der Mutter die Stresssysteme des Kindes weiter durch sogenannte epigenetische Mechanismen. So entstehen durch den Einfluss unserer Gene und den frühesten Erfahrungen individuelle Persönlichkeitssysteme. Welche Reize als Stress empfunden werden als auch die Intensität der Stressreaktion sowie der emotionale und rationale Umgang mit Stress-Situationen werden hier bereits festgelegt. Ist diese Zeit nun durch viel Angst und Stress von Seiten der Mutter geprägt, kann dies bereits in der Schwangerschaft negative Folgen auf die Gehirnentwicklung des Kindes und damit für das gesamte weitere Leben nach sich ziehen. So fällt es Menschen mit extremen und/oder anhaltenden frühen Stresserlebnissen häufig schwerer, angemessen auf akuten Stress zu reagieren. Sie neigen mehr zu externalisierenden Verhaltensweisen und zeigen eher ein hochaktives autonomes Nervensystem. Postnatal, also nach der Geburt, werden weitere Nervenzellen zunächst übermäßig miteinander verknüpft, um später weniger genutzte Verbindungen ab- und häufig genutzte Verbindungen auszubauen (Roth & Strüber, 2016; Strüber, 2019). Nach Cierpka ist besonders das Fehlen von Bindungssicherheit in den ersten Lebensjahren eines der maladaptivsten Erlebnisse mit den belastendsten Folgen (Cierpka, 2014). Häufig ist das Fehlen von Bindungssicherheit gepaart mit Vernachlässigung und Erleben von psychischer und physischer Gewalt (Statistisches Bundesamt, 2024). Gleichzeitig betonen Roth und Strüber, dass hochfeinfühlige Bezugspersonen gerade in den ersten zwei Lebensjahren auf Grund der hohen Neuroplastizität unseres Gehirns ungünstige Genvarianten und belastende frühe Lebenserfahrungen ausgleichen können. Besonders die stresshemmende Wirkung von Oxytocin kann sich hier positiv auswirken (Roth & Strüber, 2016). Bleiben diese feinfühligen Erfahrungen in den ersten zwei Lebensjahren jedoch aus, bleibt die stresshemmende Wirkung von Oxytocin beeinträchtigt und begünstigt damit eine erhöhte Stressempfindlichkeit im weiteren Lebensverlauf. Auch nach dem dritten Lebensjahr können wir weiterhin auf die Neuroplastizität unseres Gehirns hoffen. Allerdings benötigt es hier mehr Zeit an korrigierenden Lebenserfahrungen und ggf. therapeutischer Unterstützung, um die frühen Belastungserlebnisse im Alltag auszugleichen. Im therapeutischen Kontext kann eine tragfähige Behandler*innen-Patient*innen-Beziehung, die von Seiten der Behandler*innen durch eine hohe Feinfühligkeit gegenüber den Patient*innen geprägt ist, ebenfalls Korrekturen ermöglichen (▶ Kap. 1.6.3). Das Erleben und Empfinden im therapeutischen Kontext von den Behandler*innen gesehen und verstanden zu werden, löst sowohl bei den Patient*innen als auch bei den Behandler*innen selbst eine Oxytocin-Ausschüttung aus, die sich stresshemmend und damit korrigierend auf das Umstrukturieren belastender Lebensereignisse auswirkt (Roth & Strüber, 2016).

Besonders beeindruckend zeigen sich in diesem Kontext auch die Ergebnisse der Bucharest Early Intervention Project-Studie (Smyke, Zeanah, Fox, & Nelson, 2007). In dieser Studie wurden in den 1990er Jahren in rumänischen Waisenhäusern die

Auswirkungen von institutioneller Pflege auf die weitere Entwicklung von Kindern untersucht. 136 Kinder, die von Geburt an in Kinderheimen in Bukarest lebten, wurden bis zum achten Lebensjahr regelmäßig von der Forschungsgruppe um Smyke et al. begleitet. Sie konnten zeigen, dass die Hälfte der Kinder, die in den Waisenhäusern aufwuchsen, langfristig signifikante Defizite in der emotionalen, sozialen und kognitiven Entwicklung aufzeigte. Ihnen fiel es deutlich schwerer, Bindungen zu Bezugspersonen aufzubauen und sie zeigten verschiedene Anzeichen von Bindungsstörungen wie emotionale Taubheit, Verhaltensweisen, die für Bindungsstörungen typisch sind, wie distanzloses, enthemmtes, aber auch stark zurückgezogenes Verhalten, sowie eine deutlich höhere Anfälligkeit für verschiedene psychische Erkrankungen. Auch blieben sie im Vergleich zur Kontrollgruppe, die früh von Pflegefamilien aufgenommen wurden, hinter ihren altersentsprechenden kognitiven Fähigkeiten zurück und zeigten zudem Schädigungen im Bereich der grauen und weißen Materie auf, die als Sitz des Bewusstseins und der höheren Funktionen gilt, was auf mangelnde Unterstützung und Förderung zurückgeführt wurde. Die Kinder der Kontrollgruppe hingegen, die zwischen einem Alter von sechs Monaten und zweieinhalb Jahren in Pflegefamilien aufgenommen wurden, zeigten signifikant weniger Auffälligkeiten und kaum bis keine Veränderungen in ihren Gehirnstrukturen. Die Forscher schlussfolgerten daraus, dass verlässliche und feinfühlige Bezugspersonen frühe Belastungsfaktoren ausgleichen können (Smyke et al., 2007).

Die Grundlage dessen, was wir Menschen als Stress und vielleicht sogar als traumatischen Stress empfinden, wird in den Monaten während der Schwangerschaft über unsere Gene, die epigenetische Prägung und unsere ersten Erfahrungen im Mutterleib geprägt (Roth & Strüber, 2016). Vor, während und nach der Geburt können Menschen vielfältigen Ereignissen mit Traumapotential ausgesetzt sein. Ob diese dann zu einer Traumatisierung mit reaktiven Traumafolgeerkrankungen führen oder nicht, ist individuell. Wir können also nicht vom Ereignis selbst auf eine Traumatisierung schließen. Nach Gysi gibt es Ereignisse mit einem niedrigeren bzw. höheren Traumapotential, das Behandler*innen Hinweise auf die Behandlungsprognose geben kann (Gysi, 2020). Ereignisse mit einem geringeren Traumapotential sind die sogenannten Typ-1-Traumata oder auch Monotrauma genannt. Hier handelt es sich um einmalige Ereignisse von kurzer Dauer wie zum Beispiel eine schwierige Geburt, ein einmaliger Vorfall von häuslicher Gewalt, ein Verkehrsunfall etc. Ereignisse mit höherem Traumapotential sind die sogenannten Typ-2-Traumata. Dabei handelt es sich um Traumata, die länger andauern und/oder sich häufiger wiederholen wie langandauernde Naturkatastrophen, aber auch andauernde häusliche Gewalt, körperliche und/oder emotionale Gewalt, Missbrauch, Folter, chronische lebensbedrohliche Erkrankungen.

Als eine bedeutende Unterkategorie der Typ-2-Traumata werden die Bindungstraumata mit besonders gravierenden Auswirkungen verstanden (Gysi, 2020). Die sogenannten Bindungstraumata können wiederholte und/oder anhaltende psychische Gewalt, Vernachlässigung, aber auch körperliche Gewalt durch bedeutende Bezugspersonen sein. Ebenso haben die Frühgeburtlichkeit mit anschließender Inkubator-Behandlung als auch schwere körperliche Erkrankungen in den ersten Lebensjahren für das Kind das Potential eines Bindungstraumas. Bindungstraumata können eine desorganisierte Bindung zwischen Bezugsperson und Kind als Folge haben. Aus diesem Grund ist eine möglichst frühe Aufarbeitung dieser Erlebnisse von besonderer Bedeutung (Gysi, 2020). Trotz der gravierenden Auswirkungen von Bindungstraumata kann eine Diagnosestellung durch das sogenannte A-Kriterium, dem Traumaereignis, erschwert werden. Bestehende Diagnosesysteme wie das ICD-11 oder DSM-5 berücksichtigen als A-Kriterium-Stressor lebensbedrohliche Ereignisse oder körperliche Gewalt. Anhaltende Vernachlässigung oder psychische Gewalt kann dadurch als Traumaereignis unter Umständen verkannt werden. Die American Psychological Association (APA) empfiehlt hier die noch nicht offizielle Diagnose der Entwicklungsstörung durch Trauma (Developmental Trauma Disorder, DTD), um Betroffene auch diagnostisch erfassen und eine entsprechende Behandlung ermöglichen zu können (Abrams, 2021).

Tab. 1.1: Übersicht Trauma-Kategorien (adaptiert von Gysi, 2020)

Art der Gewalt	Typ-1-Traumata (einmalig/kurzfristig)	Typ-2-Traumata (mehrfach/langfristig)	Bindungstrauma
Interpersonelle Traumata	• Sexuelle Gewalt: Übergriffe, Vergewaltigung • Körperliche Gewalt: Überfall, häusliche Gewalt	• Repetitive sexualisierte und körperliche Gewalt in Kindheit und Jugend • Geiselhaft, Folter • Krieg	• Bindungstraumatisierungen: psychische Gewalt, Vernachlässigung, körperliche Gewalt
Akzidentielle Traumata	• Schwere Unfälle: Verkehr, Lawine, Erdrutsch, Flugzeugunfall u. a. • Berufsbedingte Traumatisierungen: Polizei, Ambulanz, Medizin, Pflege u. a. • Kurzdauernde Katastrophen: Hurrikan, Brand, Tsunami	• Technische Katastrophen: Nuklearkatastrophe, Giftgaskatastrophe • Langandauernde Naturkatastrophen: Erdbeben, Dürre, Überflutungen	
Medizinische Traumata	• Schwere Verletzungen nach Unfällen • Schwere innere Erkrankungen: Hirnschlag, Herzinfarkt • Traumatisierungen durch Komplikationen einer Geburt (für Mutter)	• Chronische lebensbedrohliche Krankheiten: Krebs, HIV/AIDS, schwere Herzinsuffizienz u. a. • Chronische schwere unbehandelbare Erkrankungen: schwere rheumatische oder neurologische Erkrankungen, Niereninsuffizienz, Stoffwechselstörungen u. a.	• Frühgeburt und Inkubatorbehandlung (für Kind) • Schwere körperliche Erkrankungen in den ersten Lebensjahren

Tab. 1.2: Überblick über die ersten Prägungen (adaptiert von Roth & Strüber, 2016)

Biologisch	Epigenetisch	Pränatal/ Perinatal	Postnatal 0–2 LJ	Postnatal ab 2 LJ
Gene	Epigenetik	Einfluss der Erfahrungen v. a. der Mutter und eigene während der Schwangerschaft/Geburt	Erfahrungen mit den ersten Bezugspersonen	Erfahrungen mit erweiterten Bezugspersonen, Peer-Group
Gen-Umwelt-Reaktion, hier v. a. Einfluss der Allele	Unverarbeitete traumatische Erfahrungen bes. der Mutter bereits vor der Schwangerschaft	Hormone der Mutter, v. a. Cortisol, haben Auswirkungen auf die Gehirnentwicklung des Kindes	Sehr hohe Feinfühligkeit der Bezugspersonen, Begleitung im Wahrnehmen, Zeigen und Co-Regulation von Emotionen (bes. Wut), Selbstwirksamkeitserleben	Weitere Prägungen durch Erfahrungen, kein deutlicher Effekt mehr auf die Ausbildung der Persönlichkeit
→ Wie sensibel reagiert ein Mensch nach der Geburt auf verschiedene Reize, v. a. bzgl. Oxytocin, Dopamin, Serotonin, Noradrenalin, Cortisol	→ Ähnlicher Effekt wie eine schwere Traumatisierung während der Schwangerschaft durch epigenetische Prägung		→ Kann die ersten drei genannten Bereiche bei optimalen Bedingungen deutlich abmildern	→ Korrekturen sind durch Psychotherapie (möglichst integrativ) möglich
→ Temperament				

> **Take Home**
>
> - Die prägendste Zeit unseres Lebens ist die Zeit von der Zeugung bis zum Ende des zweiten Lebensjahres.
> - Frühe Traumata, besonders Bindungstraumata, haben die gravierendsten negativen Auswirkungen auf die Gehirnentwicklung und Stressverarbeitungsmechanismen.
> - Eine hohe Feinfühligkeit der Bezugspersonen und der Behandler*innen können korrigierende Bindungserfahrungen ermöglichen und sich damit korrigierend auswirken.

1.2 Bedeutung von Bindung

Die Feinfühligkeit und damit die Bindungsqualität zwischen Bezugsperson und Kind sind ein ausschlaggebendes Moment in der weiteren Entwicklung von Traumafolgestörungen. So gilt eine sichere Bindungserfahrung zwischen Bezugsperson und Kind als der bedeutendste Resilienzfaktor im Leben und der größte Schutz vor der Entwicklung einer Traumafolgestörung nach Ereignissen mit Traumapotential (Egle et al., 1997). Die Bindungsforschung selbst geht auf den Kinderpsychiater John Bowlby und die Psychologin Mary Ainsworth zurück. In den 1950er Jahren erforschten sie in verschiedenen Studien die Auswirkungen von frühen Mutter-Kind-Trennungen im Zusammenhang mit der Feinfühligkeit der Mutter-Kind-Interaktion. Basierend auf diesen empirischen Beobachtungen beschreiben sie vier Bindungstypen, die sich, abhängig von der Fähigkeit der Bezugspersonen auf die Bedürfnisse des Kindes möglichst prompt, sowie situations- und altersadäquat zu reagieren, nach der Geburt entwickeln und in der Regel bis ins hohe Lebensalter stabil bleiben (Grossmann & Grossmann, 2011; Holmes & Dornes, 2006; Brisch, 2020; Bowlby, 2024). Dieses früh verinnerlichte Bindungsmuster wird nach der Bindungstheorie über das eigene Verhalten mit sehr großer Wahrscheinlichkeit an die eigenen Kinder weitergegeben. Andere Studien aus der pränatalen Psychologie und Neurobiologie zeigen, dass ein feinfühliges Bindungsverhalten nicht erst ab Geburt, sondern bereits während der Schwangerschaft von großer Bedeutung ist und nachhaltige Wirkung zeigt (van den Bergh, 2006; Hidas & Raffai, 2006; Huizink, 2006; von Klitzing, 2006; Rittelmeyer, 2005). Weitere Erkenntnisse der Bindungsforschung zeigen, dass unser Bindungsmuster nicht beständig aktiviert ist. Sind wir entspannt und fühlen uns wohl, ruht unser Bindungsverhalten. In diesen Momenten ist unser Explorationsbedürfnis aktiviert. Wir sind neugierig, erkunden die Welt und sind in der Lage, neues Wissen und neue Erkenntnisse aufzunehmen. In Situationen, die in uns Stress auslösen, wird die Exploration eingestellt und unser Bindungsmuster aktiviert. Dies können unbekannte, aber auch subjektiv unangenehme oder sogar bedrohliche Situationen sein, für die eine besondere Achtsamkeit zur Bewältigung notwendig ist. Wir suchen geprägt durch unser Bindungsmuster intuitiv nach (Bezugs-)Personen, die uns Sicherheit und Orientierung geben können. Sind die (Bezugs-)Personen in der Lage, uns situations- und altersadäquat das Gefühl von Sicherheit zu vermitteln, beruhigen sich dadurch das Nervensystem sowie unser Bindungsmuster und die Exploration wird wieder aktiviert. Da sich im weiteren Lebenslauf unsere früh geprägten Bindungsmuster also überwiegend in Stress-Situationen zeigen, beeinflussen unsere frühesten Bindungserfahrungen auch unsere Fähigkeit zu Feinfühligkeit und Co-Regulation gegenüber Pflege- und Heimkindern bzw. leiblichen Kindern in belastenden Lebenssituationen. Damit geben wir unser Bindungsmuster an unsere eigenen Kinder weiter. In entspannten Situationen ruht unser Bindungsmuster und erhöht damit deutlich die Möglichkeiten der Bezugspersonen feinfühlig sowie situations- und altersadäquat auf ihre Kinder zu reagieren. Je besser dies Bezugspersonen gelingt, desto höher ist die Wahrscheinlichkeit eine sichere Bindung zu seinen Kindern zu entwickeln. Dies zeigt erneut auf, wie bedeutend die

Fähigkeit zur Selbstregulation sowie die Aufarbeitung eigener Belastungssituationen der eigenen Lebensgeschichte für die Bezugspersonen ist, um den Kindern einen guten Start ins Leben zu ermöglichen und frühe Belastungssituationen gut co-regulativ begleiten zu können (Grossmann & Grossmann, 2011; Holmes & Dornes, 2006; Brisch, 2020; Bowlby, 2024; Brisch, 2014; Brisch & Hellbrügge, 2008).

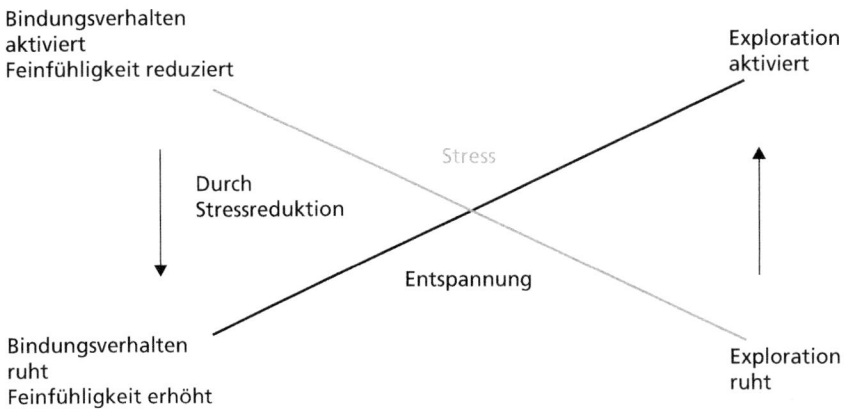

Abb. 1.1: Bindungswippe

Mit dem Bindungsverhalten (Attachment) sichert sich ein Kind bereits ab der Geburt sein Überleben, in dem es in Stress-Situationen signalisiert, dass es jetzt Hilfe und Unterstützung durch seine Bezugspersonen benötigt. Abhängig davon wie gut die Bezugspersonen »Baby lesen« und damit situations- und altersadäquat auf die Bedürfnisse des Kindes reagieren können (bonding), entwickelt sich besonders in den ersten zwei Lebensjahren ein unsichtbares Band zwischen Bezugsperson und Kind (Bowlby, 2024; Brisch, 2014; Brisch & Hellbrügge, 2008).

Der weitverbreiteste Bindungstyp in den westlich orientierten Gesellschaften ist der Typ B, auch »sichere Bindung« genannt. Der sicheren Bindung wird der größte Resilienzfaktor und damit der größte Schutz vor der Entwicklung von Psychopathologien inkl. Traumafolgeerkrankungen zugeschrieben. Menschen mit einer sicheren Bindung hatten in ihren ersten Lebensjahren sehr feinfühlige Bezugspersonen, die zuverlässig, situations- und altersadäquat, möglichst prompt auf die Bedürfnisse des Kindes reagierten. Damit kann sich eine sichere innere Repräsentanz der Bezugsperson bilden, die auch mit einem Empfinden von Urvertrauen beschrieben wird. Erwachsene mit einer sicheren Bindung sind in Stress-Situationen in der Lage, sich angemessene Unterstützung zu suchen und auch anzunehmen. Sie können sich in der Regel gut emotional regulieren und stabile, anhaltende Beziehungen eingehen (Bowlby, 2024; Brisch, 2014; Brisch & Hellbrügge, 2008).

Die unsicheren Bindungsmuster, wie die unsicher-vermeidende (Typ A) als auch die unsicher-ambivalente Bindung (Typ C), zeigen sich in den westlich orientierten Gesellschaften ebenfalls als sehr weit verbreitet und sind in anderen Kulturen zum Teil auch als primäre Bindungsmuster gewünscht (Bowlby, 2024; Brisch, 2014;

Brisch & Hellbrügge, 2008). So erlebten unsicher-vermeidend gebundene Kinder in ihren ersten Lebensjahren ihre Bezugspersonen mehr als Hilfe ablehnend, Freude ermutigend und unsicher-ambivalent gebundene Kinder ihre Bezugspersonen einerseits als unterstützend und gleichzeitig als ablehnend, sich selbst überlassend (Bowlby, 2024; Brisch, 2014; Brisch & Hellbrügge, 2008). Beide Bindungsmuster weisen im weiteren Lebensverlauf beim Erleben von Ereignissen mit Traumapotential ein höheres Risiko für die Entwicklung einer Traumafolgestörung auf. Anders als sicher gebundene Menschen suchen sie sich in großen Stress-Situationen nicht intuitiv angemessene Unterstützung bei ihren nahestehenden Mitmenschen. Je nach Bindungstyp und Erfahrungen in der eigenen Lebensgeschichte entwickeln sie für sich andere Möglichkeiten der Stressbewältigung. So neigen Menschen des Bindungstyps A (unsicher-vermeidend) dazu, in Stress-Situationen emotionale Nähe eher zu meiden und auf sich selbst gestellt Lösungen zu finden. Damit wirken sie schnell unnahbar und wenig feinfühlig gegenüber ihren Mitmenschen. Sie neigen mehr als andere Bindungstypen dazu, Ereignisse zu bagatellisieren und als *nicht so schlimm* darzustellen. Sie vertreten eher die Haltung, *man solle sich nicht so anstellen* und *müsse sich auch mal durchbeißen*. Gefühle nach außen zu zeigen, fällt diesen Menschen besonders in Belastungssituationen häufig sehr schwer. Menschen des Bindungstyps C (unsicher-ambivalent) wiederrum entwickeln in Belastungssituationen flexiblere, häufig vorsichtigere Strategien, indem sie Nähe und Unterstützung suchen und gleichzeitig (vorsichtig) ablehnen. Sie wirken dadurch unentschlossen und unsicher. Sie neigen mehr als andere Bindungstypen zu großen Emotionsdurchbrüchen und können sich dabei schwerer beruhigen. Sie fordern in Belastungssituationen gerne Unterstützungen ein und lehnen sie gleichzeitig mit der Begründung wieder ab, dass *dies ja nicht funktionieren könne* oder *sie dies bereits erfolglos versucht hätten*. Menschen beider Bindungsmuster gelten im Kontakt mit ihren Kindern bzw. Mitmenschen in großen Belastungssituationen als geringer feinfühlig und sind in diesen Momenten erschwerter in der Lage, co-regulativ, sowie unterstützend auf das Gegenüber einzuwirken. In entspannten Momenten jedoch, wenn das Bindungsmuster ruht, kann ihnen dies gut gelingen (▶ Abb. 1.1). Trotz des höheren Risikos eine Psychopathologie zu entwickeln, gelten diese Bindungsmuster ebenfalls als unbedenklich »normal« und prägen die Vielfalt unserer Gesellschaft (Bowlby, 2024; Brisch, 2014; Brisch & Hellbrügge, 2008).

Die desorganisierte Bindung (Typ D) ist der einzige Bindungstyp, der im psychotherapeutischen Verständnis als pathologisch und damit als behandlungswürdig angesehen wird (Remmel, Kernberg, Vollmoeller & Strauss, 2006). Aus diesem Bindungstyp können sich die sogenannten Bindungsstörungen nach dem ICD-11 entwickeln. Menschen mit einem desorganisierten Bindungsmuster wurden in den ersten Lebensjahren von angsterregenden, nicht durchschaubaren und nicht berechenbaren Bezugspersonen geprägt, so dass sich kein konstantes inneres Bindungsmuster ausbilden konnte. Die Gründe dafür können vielfältig sein. So können unverarbeitete Traumata der Bezugspersonen, besonders wenn diese durch Trigger aktiviert worden sind, zu angstmachenden, beängstigenden oder auch hilflosen Interaktionen mit dem Kind führen. Bezugspersonen in einem Flashback wiederholen unter Umständen ihre eigenen Traumata im Kontakt mit dem Kind und bringen es dadurch in auswegslose und ausgelieferte Situationen. Auch psychische Erkrankungen, Substanzmissbrauch durch die Eltern, (Hoch-)Konflikthaftigkeit der Eltern, mangelnde Erziehungskompetenzen, Überforderung etc. können Ursachen sein. Die Ausprägung einer desorganisierten Bindung wird häufig mit den oben aufgeführten Bindungstraumata in Verbindung gebracht. In der Interaktion zwischen der Bezugsperson und dem Kind können reaktiv fehlende oder unpassende Wahrnehmung und Reaktionen auf die kindlichen Bedürfnisse beobachtet werden. Dies kann eine Spannbreite zeigen von fehlender Liebe, Zuneigung und Respekt, fehlender Unterstützung, Mangel an Förderung, Ablehnung/Ignorieren des Kindes, Mangel an Grenzen, bis hin zu übermäßigem Kontrollieren des Kindes oder überhöhter Leistungsansprüche an das Kind. Verbale Gewalt, Einschüchterung, Lächerlich-Machen und Beschämen, Liebesentzug, Androhung oder Zerstören von persönlichen Gegenständen, Zeugschaft von Gewalt auch gegenüber Haustieren kommen häufig noch mit dazu (Egle et al., 1997, 2002). Die Unvorhersehbarkeit und Unberechenbarkeit der Bezugspersonen verhindern, dass sich hinreichend gute Objektrepräsentanzen bilden und verinnerlichen, aber auch, dass ausreichend Fähigkeiten zur Selbstregulation entwickelt werden können. Dadurch kann sich kein Urvertrauen entwickeln, so dass eine tiefere Verunsicherung im Inneren der Betroffenen bestehen bleibt. Bei anhaltender Vernachlässigung oder Misshandlung in den ersten Lebensjahren und pathologischen Auffälligkeiten bereits vor dem fünften Lebensjahr können die sogenannten Bindungsstörungen diagnostiziert werden (Ziegenhain & Fegert, 2004; Ziegenhain, 2009). Menschen mit einer Bindungsstörung zeigen häufig Schwierigkeiten im Wahrnehmen und Differenzieren von eigenen Gefühlen sowie in der Selbstregulation. In Belastungssituationen zeigen sie eine Spannbreite von Verhaltensweisen wie das Suchen von Kontakt und Nähe bei einer (Bezugs-)Person (Hemmung des Bindungsverhaltens im Rahmen einer reaktiven Bindungsstörung) bis hin zu einem wahllosen, zum Teil auch distanzlosen Kontaktverhalten gegenüber auch fremden Personen (Bindungsstörung mit Enthemmung). Sekundäre Symptome wie mangelnde Kooperation gegenüber den Bezugspersonen in Form von ausgeprägtem Ungehorsam oder überängstlicher Angepasstheit, als auch stark kontrollierendes Verhalten gegenüber Bezugspersonen sind häufig zu erkennen. So zeigen die Betroffenen ein altersunangemessenes überfürsorgliches Verhalten bis hin zu extrem dominantem oder bestrafendem Verhalten gegenüber Bezugspersonen. Auf Grund der fehlenden Rückversicherung bei schutzgebenden Personen wird auch häufig ein Hochrisikoverhalten beobachtet (Ziegenhain & Fegert, 2004; Ziegenhain, 2009). Menschen mit diesem Bindungstyp zeigen das höchste Risiko der Entwicklung von Psychopathologien im Allgemeinen und sind am deutlichsten in ihrer Feinfühligkeit und Fähigkeit zur Co-Regulation im Kontakt mit Mitmenschen eingeschränkt. Eine Veränderung dieses Bindungsmuster benötigt viele korrigierende Beziehungserfahrungen im Alltag, aber auch das Aufarbeiten der frühen belastenden Lebenserfahrungen in einem therapeutischen Kontext (Boger, 2022; Bowlby, 2024; Brisch, 2014; Brisch & Hellbrügge, 2008). In der Arbeit mit bindungstraumatisierten Menschen, besonders bei Bindungsstörungen, haben Phase 1 und 2 der I.B.T.-Methode eine besonders große Bedeutung. Da in der ersten Phase die Belastungen der Bezugspersonen in Bezug auf die eigenen Erfahrungen

1 Grundlagen der I.B.T.-Methode

mit dem Kind als auch im Blick auf die belastenden Ereignisse des Kindes, die im weiteren Verlauf mit dem Kind bearbeitet werden sollen, selbst betrachtet werden, kann eine Stabilisierung der Bezugspersonen erreicht werden. Ziel sollte sein, dass die Bezugsperson vom Kind als *sicherer Ort* erlebt werden kann. Gelingt dies nicht, da die Bezugsperson auf Grund ihrer eigenen Lebensgeschichte zu belastet ist oder die Sinnhaftigkeit dieser Arbeit nicht verstehen kann oder möchte, ist eine alternative Bezugsperson notwendig (▶ Kap. 2.2.2 und ▶ Kap. 2.2.3). In der zweiten Phase der I.B.T.-Methode steht neben der Installation von Ressourcen-Anteilen und damit einer Verbesserung der Beziehung zu sich selbst (▶ Kap. 2.3.1), der Aufbau von korrigierenden Beziehungserfahrungen durch die Ermöglichung eines reflektierten Verhaltens statt reflexhaften Verhaltens der Bezugspersonen im Vordergrund (▶ Kap. 2.3.2). Gerade bei Menschen mit Bindungsstörungen kann diese Phase besonders viel Raum im therapeutischen Prozess einnehmen. Erst wenn diese zwei Phasen erfolgreich abgeschlossen sind, kann eine Aufarbeitung der frühen belastenden Lebensereignisse im therapeutischen Kontext erfolgen (▶ Kap. 2.4). Eine Einbeziehung von aktuellen Bezugspersonen kann sehr hilfreich sein, wenn diese im Leben der Betroffenen weiterhin eine tragende Rolle spielen und fortführend korrigierende Beziehungserfahrungen anbieten können.

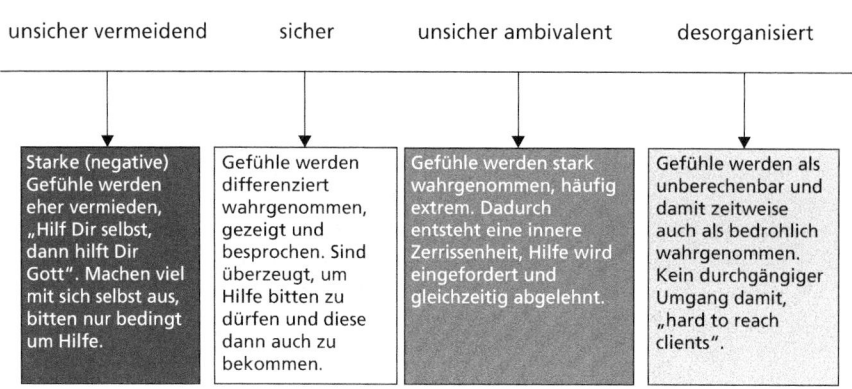

Abb. 1.2: Überblick Bindungsmuster im Jugend- und Erwachsenenalter

Take Home

- Unser Bindungsmuster entwickelt sich über frühe Beziehungserfahrungen mit den ersten Bezugspersonen.
- Bindungsmuster sind nur in Stress-Situationen erkennbar und können damit die Feinfühligkeit in diesen Momenten beeinträchtigen.
- Bindungsmuster beeinflussen unsere Fähigkeit der Feinfühligkeit und der Co-Regulation des Gegenübers in Belastungssituationen.

- Über Selbstregulation können wir unser aktiviertes Bindungsmuster beruhigen und unsere Fähigkeit für Feinfühligkeit erhöhen.
- Bei der Arbeit mit Menschen mit einer Bindungsstörung kann ebenfalls mit I.B.T. gearbeitet werden.

1.3 Auswirkungen früher unverarbeiteter Traumata auf das weitere Leben

Die »Adverse Childhood Experiences«-Studien (ACE) belegen bis heute in einer beeindruckenden Weise die Zusammenhänge von belastenden Kindheitserfahrungen mit langfristigen Auswirkungen auf den weiteren Lebensverlauf (Felitti, 2002). Bereits in den späten 1990er Jahren konnte die Forschungsgruppe um Felitti in einer großen Kohortenstudie mit 17.000 erwachsenen Proband*innen zeigen, dass vier oder mehr belastende und unverarbeitete Kindheitserfahrungen zu deutlichen psychischen, seelischen und gesundheitlichen Einschränkungen im Erwachsenenalter führen. Als belastende Lebenserfahrungen wurden u. a. physische und/oder emotionale Misshandlungen, sexueller Missbrauch, physische und/oder emotionale Vernachlässigung, psychische Erkrankung eines Elternteils, Substanzmissbrauch in der Familie, Gewalt gegen eine Bezugsperson sowie Inhaftierung eines Elternteils gezählt. Die Ergebnisse zeigten einen signifikanten Anstieg im Bereich von psychischen Erkrankungen, besonders der Depression, den Angststörungen und der posttraumatischen Belastungsstörung sowie körperlichen Erkrankungen und einem erhöhten Risikoverhalten. Insgesamt würde dies bei den Betroffenen im Durchschnitt zu einem fast 20 Jahre früheren Tod führen (Felitti, 2002) (▶ Abb. 1.3). Weitere Folgestudien zeigten, dass mit zunehmender ACE-Belastung auch gehirnphysiologische Veränderungen einhergehen. So konnte eine Forschungsgruppe um Schwartz nachweisen, dass sowohl der rechte und linke Hippocampus als auch die rechte und linke Amygdala eine signifikante Volumenreduktion aufwiesen (Schwartz et al., 2024). Ebenso konnte in einer weiteren Studie ein Zusammenhang zwischen Gewalterfahrungen in der Kindheit und einer reduzierten Mentalisierungsfähigkeit festgestellt werden (Yang & Huang, 2024). Die Fähigkeit zur Mentalisierung ist in der Beziehungsgestaltung zu sich und seinen Mitmenschen, aber auch in der Psychotherapie von entscheidender Bedeutung. Diese Fähigkeit bildet die Grundlage für ein tieferes Verständnis der eigenen Gefühle, dem Gestalten und Pflegen von zwischenmenschlichen Beziehungen sowie einem Nachvollziehen der intrapsychischen Prozesse bei sich, seinem Gegenüber auf Grundlage der zwischenmenschlichen Begegnungen. Die Forschungsgruppe um Yolanda Schlumpf (Schlumpf et al., 2019) beschäftigte sich mit den unmittelbaren Auswirkungen von Gesichtsausdrücken des Gegenübers auf die neurologischen Gehirnprozesse komplextraumatisierter Patient*innen. In dieser Studie wurden den Proband*innen zwischen zwei aufeinanderfolgenden neutralen

Signalen in Form von zwei nacheinander erscheinenden Punkten für die Dauer von wenigen Millisekunden verschiedene Gesichtsausdrücke (freundlich, bedrohlich und neutral) gezeigt. Ziel war es, die neurophysiologische Reaktivität im Vorbewussten, im limbischen System, aber nicht im Bereich des Bewusstseins, der Hirnrinde, zu erfassen. Während die Kontrollgruppe auf bedrohliche Gesichter mit dem größten Stress reagierte, zeigten die traumatisierten Proband*innen ein überraschendes Ergebnis: Sie reagierten auf neutrale Gesichter mit erhöhter Stressaktivität. Schlumpf interpretiert diese Ergebnisse so, dass die komplextraumatisierten Proband*innen die neutralen Gesichter als nicht berechenbar und damit als deutlich bedrohlicher einschätzten (Schlumpf et al., 2019). Zu einem ähnlichen Ergebnis kommt die Forschungsgruppe um Ardizzi (2016). Diese fand heraus, dass Kinder mit frühkindlichen Belastungserlebnissen bei Konfrontationen mit emotionalen Ereignissen wie Ärger, Furcht, Freude und Traurigkeit im Vergleich zur Kontrollgruppe weniger Gesichtsregungen und Empathiefähigkeit zeigten (ebd.). Eine weitere aktuelle systematische Übersichtsarbeit, die sich auf die Ergebnisse früherer Metaanalysen stützt, deutet darauf hin, dass Menschen mit ACE neurobiologische Veränderungen aufweisen, noch bevor sie psychische Störungen entwickeln. So konnte eine abgeschwächte Cortisolreaktion auf psychosoziale Stressoren, geringgradige Entzündungen, die sich in erhöhten Entzündungsmarkern wie CRP äußern, eine übertriebene amygdalare Reaktion auf emotional negative Stimuli und ein vermindertes hippocampales Volumen beschrieben werden (Hakamata, Suzuki, Kobashikawa, & Hori, 2022). Kinder mit sehr frühen kumulativen Kindheitstraumata, besonders infolge von Vernachlässigung und Bindungstraumata zeigen nach Egle und Kolleg*innen typischerweise Aufmerksamkeitsstörungen, Hyperaktivität, erhöhte Ängstlichkeit sowie Schwierigkeiten bei der Affektregulation (Egle et al., 1997, 2002, 2020).

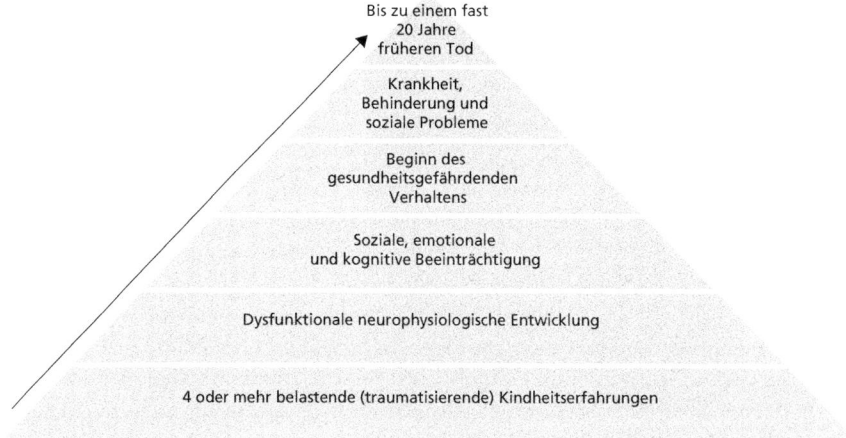

Abb. 1.3: Entwicklungsdynamik belastender Kindheitserfahrungen (modifiziert nach Felitti, 2002; zitiert aus Hensel, 2020)

1.3 Auswirkungen früher unverarbeiteter Traumata auf das weitere Leben

Diese Erkenntnisse weisen darauf hin, dass ACEs langfristig Auswirkungen auf die körperliche Gesundheit, aber auch auf die Gehirnentwicklung der Betroffenen haben. Damit wirken sie sich mit gravierenden Folgen auf das emotionale Erleben und Verhalten der Leidtragenden und damit auch auf die seelische Gesundheit aus. Um hier möglichst frühzeitig entgegenzuwirken, benötigt es insgesamt, aber besonders im therapeutischen Kontext eine höhere Sensibilität gegenüber ACEs, um Betroffenen möglichst frühzeitig eine angemessene Diagnostik und Behandlung zu ermöglichen.

Tab. 1.3: Entwicklungsfolgesymptome belastender Kindheitserfahrungen (modifiziert nach Felitti, 2002)

\	Folgen früher Kindheitstraumata 4 > ACEs		
Zunahme von psychischen Auffälligkeiten	Zunahme von körperlichen Beschwerden	Folgen auf der Verhaltensebene	Gehirnphysiologische Veränderungen
• Ängste • Depression • PTBS • ADHS • Impulskontrollschwierigkeiten • Geringere Mentalisierungsfähigkeit/Empathiefähigkeit • ...	• Adipositas • Körperliche Erkrankungen • Erhöhte Entzündungsmarker durch geringgradige Entzündungen • ...	• Suchtmittelmissbrauch • Hochrisikoverhalten • Zunahme von sozialen Problemen • Geringeres Einkommen • Körperliche Aggressivität • Häufiger zwischenmenschliche Konfliktsituationen • ...	• Verkleinerung des Hippocampus • Veränderung in der Amygdala • Abgeschwächte Cortisolreaktion bei psychosozialen Stressoren • ...

> **Take Home**
>
> - Adverse Childhood Experiences (ACE) haben bei Nichtbehandlung lebenslange Auswirkungen auf die seelische sowie körperliche Gesundheit und die Gehirnentwicklung.
> - Bei den ACEs muss es sich nicht um eindeutige lebensbedrohliche Traumata handeln, sondern es können auch kumulative hochbelastende Lebensereignisse sein.
> - Eine höhere Sensibilität auf ACEs in der Diagnostik und Behandlung von Betroffenen ist bedeutend.

1.4 Welche Traumafolgesymptome sind häufig im Alltag erkennbar?

Frühe Traumata können im weiteren Lebensverlauf eine Vielzahl verschiedenster Symptome nach sich ziehen. Handelt es sich hierbei um ein frühes Typ-1-Trauma (Monotrauma) oder Typ-2-Traumata (komplexe Traumata) sind häufig die Symptome einer Posttraumatischen Belastungsstörung (PTBS) oder komplexen Posttraumatischen Belastungsstörung (kPTBS) mit Schwerpunkt auf Körperintrusionen diagnostizierbar. Die kPTBS berücksichtigt zusätzlich zu den klassischen PTBS-Symptomen die langfristigen Auswirkungen chronischer Traumatisierungen auf die Selbstwahrnehmung und Beziehungsgestaltung. Sie wurde mit der ICD-11 als eigenständige Diagnose eingeführt, um insbesondere die Folgen interpersoneller und entwicklungsbezogener Traumatisierung adäquat zu erfassen.

Tab. 1.4: Symptomatik der Posttraumatischen Belastungsstörung (PTBS) und der komplexen PTBS (kPTBS) nach ICD-11

Symptombereich	PTBS	Komplexe PTBS (kPTBS)
Wiedererleben	Belastende intrusive Erinnerungen, Flashbacks, Albträume	Wie bei PTBS
Vermeidung	Aktive Vermeidung traumaassoziierter Gedanken, Gefühle und Situationen	Wie bei PTBS
Anhaltende Bedrohung	Erhöhte psychophysiologische Reaktivität (Hypervigilanz, Schreckhaftigkeit, Schlafstörungen)	Wie bei PTBS
Affektregulationsstörung	–	Ausgeprägte Schwierigkeiten, Gefühle zu modulieren (z. B. emotionale Instabilität, Wut, Taubheit)
Negatives Selbstbild	–	Anhaltendes Gefühl von Minderwertigkeit, Schuld, Scham oder Versagen
Beziehungsstörungen	–	Schwierigkeiten, stabile zwischenmenschliche Beziehungen aufzubauen oder aufrechtzuerhalten
Traumaart	Häufig singuläre Ereignisse (z. B. Unfall, Naturkatastrophe, Gewalttat)	Andauernde oder wiederholte interpersonelle Traumatisierung (z. B. Missbrauch, Vernachlässigung in der Kindheit)

Tab. 1.4: Symptomatik der Posttraumatischen Belastungsstörung (PTBS) und der komplexen PTBS (kPTBS) nach ICD-11 – Fortsetzung

Symptombereich	PTBS	Komplexe PTBS (kPTBS)
Verlauf	Symptome bestehen über mindestens vier Wochen	Symptome bestehen chronisch über längere Zeiträume hinweg
Beeinträchtigung	Funktionsbeeinträchtigung in sozialen oder beruflichen Bereichen	Meist umfassendere psychosoziale und interpersonelle Beeinträchtigungen
ICD-11 Klassifikation	6B40 – Posttraumatische Belastungsstörung	6B41 – Komplexe Posttraumatische Belastungsstörung

Es kann sich aber auch um kumulative (hoch-)belastende Lebensereignisse handeln, bei denen jedes für sich unter Umständen noch kompensierbar wäre, jedoch in der Summe zu einer Überforderung der individuellen Anpassungsfähigkeit und damit zu einer Dekompensation bis hin zu einer Traumatisierung führen kann. Die Ereignisse selbst sind für die Betroffenen hoch belastend, erfüllen aber meist nicht die A1-Kriterien einer Traumatisierung nach den bestehenden Diagnosesystemen ICD-11 oder DSM-5. Diese sich kumulierenden Belastungssituationen werden auch gerne als Entwicklungstrauma oder Entwicklungsstörung durch Trauma (DTD) bezeichnet (Abrams, 2021). Diese nicht offizielle Diagnose umfasst auf Grundlage umfassender Forschungsarbeiten sich sehr früh aneinanderreihende belastende Lebensereignisse, für die keine oder nicht ausreichende Bewältigungsstrategien zur Verfügung gestanden haben. Hier sind insbesondere neben ausgeprägten körperlichen Symptomen auch sekundäre Traumafolgesymptome erkennbar (Boger, 2022). Diese Verhaltensmuster mussten sich auf Grundlage der Lebensgeschichte entwickeln, um unter den belastenden Lebensumständen überleben zu können. Über 70% der von dem National Child Traumatic Stress Network behandelten Kinder erfüllen nicht die Diagnosekriterien einer PTBS oder kPTBS nach den bestehenden Diagnosekriterien des ICD-11 oder DSM-5 (Purbeck et al., 2021). Grund dafür ist häufig das fehlende A-Kriterium, ein lebensbedrohliches Ereignis oder Ereignis körperlicher Gewalt, das für die Diagnosestellung einer PTBS oder kPTBS zwingend erforderlich ist. Damit kommt es durch die Kumulierung von belastenden Ereignissen zwar zu deutlichen Einschränkungen und Symptomen im Alltag, aber nicht zu einer Ursache beschreibenden Diagnose für die Betroffenen, sowohl im Kindes- als auch im Erwachsenenalter. Die Vordiagnosen sind damit häufig vielfältig und meist rein Symptom beschreibend und lassen den eigentlichen Ursprung der Belastungen außen vor. Mit dem stressorbasierten Verständnis nach Hensel lassen sich diese Lebens- und Leidensgeschichten neu verstehen (Hensel, 2020). Greifen wir die Anamnese von seinem Ursprung auf, möglichst noch vor der Zeugung, und versuchen, die Lebensgeschichte aus den Augen der Patient*innen zu verstehen, ergibt sich ein neues Bild. Wir müssen von Beginn an versuchen zu verstehen, in was für eine Welt der*die Patient*in hineingezeugt und geboren worden ist. Welche Umwelteinflüsse sie geprägt haben und welche Anpassungsleistungen und Überlebensstrategien auf Grund dessen zu entwickeln notwendig waren. Es geht darum, den guten Grund hinter einer Symptomatik und einem Verhalten zu verstehen. Erst dann können wir die Lebensgeschichte rekonstruieren, ein Kohärenzgefühl ermöglichen, das Leid würdigen und eine Integration früher Traumata ermöglichen (Boger, 2022).

Dennoch gibt es Symptomatiken, die sich bei frühen kumulativen hochbelastenden Lebensereignissen häufiger zeigen (Boger, 2022). So berichten Patient*innen immer wieder von Symptomen der Übererregung wie zum Beispiel Schlafstörungen, Unkonzentriertheit, innerer Unruhe, impulshaftes Verhalten, Stressregulationsschwierigkeiten, diffuse Ängste, aber auch von einer ausgeprägten körperlichen Symptomatik in Stress-Situationen wie Druck auf der Brust oder Enge-Gefühl, Herzrasen, Atemschwierigkeiten, Übelkeit bis hin zum Erbrechen, Verstopfung, körperliche Schmerzen ohne organische Ursachen, Restless Legs, Schwierigkeiten in der Körperwahrnehmung von Überempfindlichkeit bis hin zu überhaupt nichts fühlen und Schwierigkeiten beim Essverhalten von völligem Appetitverlust bis zu fehlendem Sättigungsempfinden. Gerade die körperlichen Symptome können unter Umständen auch als Körperintrusionen von vorsprachlichen Traumata verstanden werden (Levine, 2016; van der Kolk, 1996). Auf der kognitiven Ebene zeigen sich häufig manifeste Glaubenssätze, Schwierigkeiten in der Merkfähigkeit (»Ich muss mir alles aufschreiben«), mangelndes vorausschauendes Verhalten oder auch katastrophisierende Gedanken. In zwischenmenschlichen Beziehungen zeigen sich daraus resultierend häufig Schwierigkeiten, das Gegenüber lesen zu können, mangelnde Empathiefähigkeit, starke Verunsicherung bei Still Face des Gegenübers (unbewegte Gesichtsmimik), Probleme, langfristige tiefergehende Beziehungen aufzubauen und zu halten, sowie Kommunikationsschwierigkeiten in Konfliktsituationen. Lange versuchen die Patient*innen mehr oder weniger erfolgreich die Symptomatik über ein Vermeidungsverhalten zu kompensieren und/oder entwickeln für sich Strategien, um mehr oder weniger gut damit umzugehen und sie auszugleichen (sekundäre Symptomatik). Die Ausprägung der Symptomatik kann gerade bei den kumulativen hochbelastenden Lebensereignissen sehr variieren. Diese reichen von leichten Einschränkungen im Alltag bis hin zu einer ausgeprägten pathologischen Erkrankung mit entsprechenden symptombeschreibenden Diagnosen. Es kann aber deutlich ein Zusammenhang zwischen der Anzahl der frühen Traumata, der Intensität des Erlebens und der Ausprägung der Symptomatik gesehen werden. Neben den Belastungssymptomen können sich als inneres Gegengewicht auch funktionale Verhaltensweisen entwickeln, die die belastende Symptomatik deutlich abmildern lassen bzw. den Patient*innen ermöglichen, funktionale Kompensationsstrategien zu entwickeln und damit besser im Leben zurecht zu kommen. Dies können zum Beispiel ein besonderes Maß an Gewissenhaftigkeit, vorausschauenden Handelns und Planens oder auch ein besonderes Organisationstalent sein.

1.4 Welche Traumafolgesymptome sind häufig im Alltag erkennbar?

Tab. 1.5: Mögliche Symptome bei kumulativen hochbelastenden Lebensereignissen

Symptome der Übererregung	Körperliche Symptome	Kognitive Symptome	Zwischenmenschliche Symptome	Vermeidungsverhalten
• Schlafstörungen • Unkonzentriertheit • innere Unruhe • impulshaftes Verhalten • Stressregulationsschwierigkeiten • diffuse Ängste	• Druck auf der Brust • Enge-Gefühl • Herzrasen • Atemschwierigkeiten • Übelkeit bis zum Erbrechen • Verstopfung • körperliche Schmerzen ohne organische Ursache • Restless Legs • Schwierigkeiten in der Körperwahrnehmung (Überempfindsamkeit bis hin zu überhaupt nichts fühlen) • Körperintrusionen • auffälliges Essverhalten (von überhaupt nicht essen bis übermäßiges essen)	• eingeschränkte Merkfähigkeit • dysfunktionale Glaubenssätze • negatives Selbst- und Weltbild • mangelndes vorausschauendes Verhalten • katastrophisierende Gedanken	• Schwierigkeiten das Gegenüber zu lesen, mangelnde Empathiefähigkeit • starke Verunsicherung bei Still Face des Gegenübers • Schwierigkeiten in der Beziehungsgestaltung • Kommunikationsschwierigkeiten in Konfliktsituationen (nicht situationsangemessenes Verhalten)	• Gedächtnislücken/Amnesien • sich wegträumen • ausgeprägtes Vermeidungsverhalten wie Ängste, Zwänge, um Dinge nicht tun zu können/müssen • erhöhtes Kontrollbedürfnis • Angst vor Veränderungen • sozialer Rückzug

Take Home

- Frühe Traumata können aus Typ-1- oder auch Typ-2-Traumata bestehen.
- Auch frühe kumulative hochbelastende Lebensereignisse, die nicht die A1-Kriterien erfüllen, können zu einer Dekompensation der höchsteigenen Bewältigungsstrategien und damit zu einer behandlungswürdigen Symptomatik führen.
- Eine Anamnese sollte immer die gesamte Lebensgeschichte, möglichst auch die Ereignisse und Umstände vor der Zeugung, miteinbeziehen und die gezeigte Symptomatik der Betroffenen auf Grundlage dieser im stressorbasierten Denken verstanden werden.

1.5 Gehirn- und Neurophysiologie bei traumatischen Ereignissen

Unser Gehirn ist in drei Ebenen aufgebaut. In der Schwangerschaft entsteht zuerst die unterste subkortikale Ebene, der Hirnstamm. Dieser Bereich, auch Reptiliengehirn genannt, ist für die Basisfunktionen der grundlegenden Körperfunktionen zuständig. Danach entsteht die zweite subkortikale Ebene mit dem limbischen System, die auch als Säugetiergehirn bezeichnet wird. Hierzu zählt insbesondere die Amygdala, der eine zentrale Rolle in der Verarbeitung von Angst und traumatischen Situationen zugesprochen wird. Die dritte subkortikale Ebene ist die Großhirnrinde, auch als Denker oder Professor betitelt. Hier ist u. a. der Sitz unseres Bewusstseins, der Handlungsplanung und der Impulskontrolle (Boger, 2022; Krüger & Barth-Musil, 2011).

Bei einer von der Amygdala als traumatisch erlebten Situation wird der Körper innerhalb kürzester Zeit in einen Alarmbereitschaftszustand versetzt (fight-flight-Modus). In Reaktion kommt es zu einer Aktivierung der Hypothalamus-Hypophysen-Nebennierenrinden-Achse (HHNA) und damit besonders zur Ausschüttung der Stresshormone Adrenalin und Cortisol. Kommt es auf Grund von mangelnden Bewältigungsstrategien nicht zu einer erfolgreichen Lösung der traumatischen Situation, fragmentiert die Erinnerung an die auslösende Belastungssituation auf Grund von Dissoziation (Boger, 2022). Diese fragmentierten Erinnerungsstücke befinden sich vor allem bei frühen Traumata überwiegend im Bereich des limbischen Systems und in den Nervenbahnen des autonomen Nervensystems.

Frühe Traumata sind überwiegend im Körpergedächtnis abgespeichert. Das Körpergedächtnis beschreibt ein Modell, nach dem traumatische Erinnerungen im Körper und in den Nervenbahnen des autonomen Nervensystems weiter abgespeichert werden (Levine, 2011, 2016; van der Kolk, 1996). Diese sogenannten Körpererinnerungen sind nicht über das Bewusstsein abrufbar, können aber bei Aktivierung über sogenannte Traumatrigger starke körperliche Reaktionen und Empfindungen auslösen (Boger, 2022; Levine, 2011, 2016). Nach dem renommierten Trauma-Forscher Bessel van der Kolk werden Traumata nicht nur im Bewusstsein, im expliziten Gedächtnis abgespeichert, sondern gleichzeitig im Vorbewussten, im limbischen System, im Bereich der impliziten Gedächtnisabspeicherung (van der Kolk, 1996; Boger, 2022). Zum impliziten Gedächtnis zählt auch der Bereich des Körpergedächtnis, das dem Bewusstsein kaum bis gar nicht zugänglich ist. Traumatische Erinnerungen, besonders aus dem frühen vorsprachlichen Bereich, sind primär als Informationen und Erinnerungen im Körper gespeichert und zeigen sich auch hier über verschiedenste Körpersymptome. Bei Aktivierung von Traumaerinnerungen zeigen sich diese Erinnerungen in Form von affektiven und/oder körperlichen Wahrnehmungen (van der Kolk, 1996; Boger, 2022; Levine, 2011, 2016). Da sich die räumliche und zeitliche Abspeicherung in anderen Gehirnbereichen befindet, sind aktivierte Körpererinnerungen in der Intensität dem akuten Erleben gleichzusetzen. Es ist, als ob es jetzt erneut geschieht, ohne dass die Symptome vom Bewusstsein mit dem damaligen, vergangenen Ereignis in Verbindung gebracht werden können.

Stephen Porges nähert sich diesem Thema über seinen Ansatz der Polyvagal-Theorie. Er untersucht die Rolle des Vagus-Nerv im autonomen Nervensystem im Hinblick auf dessen Rolle in der emotionalen Regulation des Nervensystems (Porges, 2012; Boger, 2022). Der Vagusnerv umfasst Nervenbahnen des parasympathischen Nervensystems, das sich vom Stammhirn an der Wirbelsäule entlang bis hin in den Rumpfbereich erstreckt. Er spielt eine bedeutende Rolle in der Regulation der inneren Organe, insbesondere der Lunge, des Herzens und der Verdauungsorgane. Im Moment der Sicherheit ist nach Porges der Ventrale Vagusnerv aktiviert, der die emotionale Regulation, die soziale Kommunikation und Erholung unterstützt. In Gefahrensituationen wird der Sympathikus angeregt, der das gesamte Nervensystem in eine Aktivierung zur Bewältigung der Bedrohungslage versetzt. Führt diese Reaktion zum Erfolg, beruhigt sich das Nervensystem und kehrt in die Nutzung des ventralen Vagusnervs zurück. Der dorsale Vagus hingegen wird bei einer Tiefenentspannung aktiviert, als auch bei dissoziativen Zuständen. Sind die traumatischen Erfahrungen zu überwältigend, übernimmt der dorsale Vagus die Kontrolle und es kommt zu einer Immobilität im Rahmen einer Dissoziation (Porges, 2012).

> **Take Home**
>
> - Traumatische Erfahrungen werden im Gehirn und Körpergedächtnis als fragmentierte Erinnerungsstücke abgespeichert.
> - Besonders die frühen Traumata befinden sich überwiegend im Körpergedächtnis und sind dem Bewusstsein kaum bis nicht zugänglich.
> - Über Trigger können (Körper-)Intrusionen ausgelöst werden, die jetzt dasselbe Gefährdungsempfinden wie damals in der traumatischen Situation auslösen.

1.6 Stabilisierung als Voraussetzung für das traumaintegrative Arbeiten

Sehr frühe, vorsprachliche Traumata sind häufig überwiegend im Körpergedächtnis abgespeichert und zeigen sich über körperliche Symptome und Beschwerden (van der Kolk, 1996; Levine 2011, 2016). Da diese Traumata meist nicht bewusst erinnerbar sind, ist nicht auszuschließen, dass diese während einer traumaintegrativen Arbeit aus der Dissoziation ins Bewusstsein vordringen und sich dort als Gedankenintrusionen oder Bilder zeigen. Treten diese Ereignisse während des Prozesses in das Bewusstsein, kann dies sowohl die Betroffenen selbst als auch die Behandler*innen erschrecken und im weiteren Vorgehen verunsichern. Aus diesem

Grund ist es bedeutend, sich vorab bewusst zu sein, dass dies geschehen kann und sich mit verschiedenen Stabilisierungsübungen darauf vorzubereiten. Besonders die Behandler*innen sollten in der Lage sein, möglichst schnell wieder ihre eigene Sicherheit zu erlangen, um die Patient*innen ruhig und wirksam co-regulativ durch den Prozess begleiten zu können. Gelingt dies den Behandler*innen nicht, wäre eine Retraumatisierung der Patient*innen zu befürchten, was unbedingt verhindert werden muss. Vor Beginn der traumaintegrativen Behandlung sollten die Behandler*innen selbst, aber auch die Patient*innen verschiedene Stabilisierungsübungen auf imaginativer und körperlicher Ebene kennen und eingeübt haben, um in jeder Situation passgenau stabilisieren zu können.

1.6.1 Grundvoraussetzung: Die Stabilität der Behandler*innen

In der Arbeit mit traumatisierten Menschen sollten Behandler*innen von den Patient*innen als sicherer Ort wahrgenommen werden. Diese Sichere-Ort-Erfahrung sollte sowohl explizit sein, d.h., von dem*der Behandler*in geht für den*die Patient*in keine für ihn*sie empfundene körperliche oder emotionale Bedrohung aus. Dies beinhaltet auch, dass der*die Behandler*in sich seinen*ihren eigenen Triggern bewusst ist, über gute Selbstregulationsfähigkeiten verfügt und nicht eigene Traumata (unbewusst) reinszeniert und damit die Patient*innen sekundär traumatisiert. Zum anderen sollte der*die Behandler*in von dem*der Patient*in auch implizit als sicherer Ort wahrgenommen werden. Damit ist gemeint, dass es dem*der Behandler*in gelingt, bei sich zu bleiben, laufend seine*ihre innere Haltung zu überprüfen und gleichzeitig feinfühlig im Kontakt mit dem*der Patient*in zu bleiben, um bei aufkommenden belastenden Emotionen co-regulativ zur Seite stehen zu können. Gelingt dies dem*der Behandler*in, kann er*sie von dem*der Patient*in als sicherer Ort wahrgenommen werden. Dies gilt als die Grundvoraussetzung, dass sich der*die Patient*in im Kontakt zum*zur Behandler*in öffnen kann, sich wahrgenommen und gesehen fühlt sowie bereit ist, an seinen*ihren belastenden Themen zu arbeiten. Gleichzeitig ist diese Erfahrung eine der wichtigsten Stabilisierungsmomente im therapeutischen Prozess und begünstigt den Verarbeitungsprozess vom ersten Moment an (Grawe, 1998).

Take Home

- Die Behandler*innen sollten explizit und implizit von den Patient*innen als sicherer Ort wahrgenommen werden.
- Die Behandler*innen sollten dafür über ausreichend Selbsterfahrung und Selbstregulationsfähigkeiten verfügen.

1.6.2 Erkennen von Reinszenierungen und der professionelle Umgang damit

Das Wahrnehmen und Erkennen von Übertragungen und Gegenübertragungen sind in der Arbeit mit frühen Traumata für Behandler*innen von besonderer Bedeutung. Besonders die Übertragungsphänomene bei frühen Traumata können im Gegenüber kraftvolle Gegenübertragungsimpulse auslösen. Diese zeigen sich in uns als Behandler*innen dann in intensiven, häufig auch körperlichen Reaktionen, die wir kaum reflektiert wahrnehmen können, da sie sich teildissoziativ unserem Bewusstsein entziehen. Bei der Übertragung handelt es sich um unbewusste intrapsychische Vorgänge, in denen wir auf Grundlage von Erfahrungen in unserer eigenen Lebensgeschichte die Umwelt und unsere Mitmenschen im Heute einschätzen, beurteilen sowie unsere Handlungen danach ausrichten. Je stärker wir im limbischen System emotional aktiviert sind, desto stärker zeigen sich in der Gegenwart unsere Übertragungsphänomene auf das Gegenüber. Äquivalent zur Übertragung entsteht im Gegenüber unbewusst ein Gegenübertragungsimpuls, um den entsprechenden Übertragungen zu entsprechen. Diese Gegenübertragungsimpulse können Handlungsimpulse, Körperwahrnehmungen und Empfindungen sein, die über die Spiegelneuronen im direkten Kontakt ausgelöst werden (Bauer, 2006). Wird diesen Gegenübertragungsimpulsen unreflektiert nachgegeben, wird der Übertragende in seiner Wahrnehmung bestätigt und sein Selbst- und Weltbild, das sich auf Grund seiner Biografie entwickelt hat, verfestigt sich damit. Diese Prozesse erleichtern in erster Linie den Alltag und lassen uns schnell und effizient ein Miteinander gestalten (Bettighofer, 2016; Racker, 2023).

Problematisch werden Übertragungs- und Gegenübertragungsphänomene dann, wenn sie durch traumatischen Stress gefärbt worden sind (Bering, 2023). Dadurch können traumatisch bedingte Übertragungen entstehen. Situationen und Mitmenschen werden in der Übertragung durch die Traumabrille verzerrt wahrgenommen. Werden die Übertragungen dann durch die unreflektierten Gegenübertragungsimpulse des Gegenübers bestätigt (reflexhaftes Verhalten), können sich die traumabedingten Wahrnehmungsmuster beim Übertragenden manifestieren und im schlimmsten Fall kommt es zu einer Retraumatisierung (Boger, 2022). Übertragungs- und die damit einhergehenden Gegenübertragungsphänomene sind primär vorbewusste Vorgänge. Über feinfühlige Selbstwahrnehmung und -reflektion, Halten der Emotionen (Containing), Verstehen der Vorgänge und achtsames, *verdautes* Zurückspiegeln durch den*die Behandler*in können beim Übertragenden die traumabedingt verzerrten Wahrnehmungen ihren Weg ins Bewusstsein finden. Durch das Bewusstwerden können die Übertragungsphänomene reflektiert und verändert werden. Belastende Übertragungsphänomene haben zudem das Potential, in uns als Behandler*in neben den Gegenübertragungsimpulsen gleichzeitig eigene (unbewusste) Traumata zu aktivieren. Geschieht dies, besteht die Gefahr, dass wir als Behandler*in eigene traumatische Verhaltensmuster in Übertragungsphänomenen mit den Patient*innen aufleben lassen. Um diesen Prozessen entgegenzuwirken, ist für Behandler*innen die vorangestellte und durch Supervision immer wieder begleitete Selbsterfahrung unabdingbar. Es ist unsere

Aufgabe als Behandler*in, unsere eigene Lebensgeschichte und damit mögliche eigene Triggerpunkte unserer eigenen Lebensbiografie möglichst genau zu kennen. Wir müssen die Aktivierung dieser rechtzeitig wahrnehmen und durch eigene Stressregulationsstrategien regulieren bzw. durch Stabilisierungsübungen kontrollieren. Geschieht dies nicht, besteht die Gefahr, dass wir eigene Traumata im Kontakt mit den Patient*innen reinszenieren und diese dadurch schlimmstenfalls sekundär traumatisieren. Auch besteht so das Risiko, dass wir eigene belastende Lebensthemen mit den Themen der Patient*innen verwechseln oder gar diese auf jene projizieren. Des Weiteren sind die eigene Selbsterfahrung und achtsame Wahrnehmung die besten Schutzmechanismen vor der Gefahr einer eigenen sekundären Traumatisierung, der wir in Traumabehandlungen immer wieder ausgesetzt sind.

Häufig aktivierte Übertragungs- und Gegenübertragungsphänomene können über das Trauma-Viereck verstanden und reflektiert werden. Mit Hilfe der Metapher einer Kinderhüpfburg kann ein Bild der Reinszenierungen entwickelt werden. Je mehr Luft in der Kinderhüpfburg ist, desto stärker sind die Übertragungen und Gegenübertragungen, desto stärker wird die Reinszenierung bei den Betroffenen empfunden. Je weniger Luft in der Kinderhüpfburg ist, desto abgeschwächter werden die Impulse erlebt. Die Luft steht analog zur Metapher der emotionalen Aktivierung im limbischen System. Je aktiver das limbische System in der Emotionalität ist, desto intensiver sind die Übertragungs- und Gegenübertragungsimpulse, entsprechend befindet sich mehr Luft in der Hüpfburg. Mit der emotionalen Entspannung schwächen sich die Impulse ab, desto weniger Luft ist analog in der Hüpfburg.

Reinszenierungen können über verschiedene Rollen verstanden werden. Bei diesen Rollen handelt es sich um spezifische, fachsprachliche Begriffe, die sich unabhängig vom Geschlecht auf alle Personen beziehen. So erleben wir zum Beispiel eine Opfer-Retter-Reinszenierung, in der sich die eine Person emotional als Opfer erlebt und das Gegenüber als Retter*in wahrnimmt. Diese Retter-Übertragung kann starke Handlungsimpulse auslösen, die sich in übermäßigem Agieren, Übernehmen von Verantwortung, einem »Retten des Gegenübers« zeigen. Wird diesen Impulsen nachgegeben, wird der Übertragende in diesem Fall als Opfer bestätigt. So können im Trauma-Viereck verschiedene Konstellationen reinszeniert werden. In der Täterübertragung erleben wir in der Gegenübertragung täterähnliche Handlungsimpulse, Verleugnung oder Bagatellisieren des Geschehens. In der Opfer-Übertragung kommt uns unter Umständen die Idee, sich dem Gegenüber unterwerfen zu müssen oder bestimmte Themen aus Angst nicht ansprechen zu dürfen. In der Rolle der Mitwissenden fühlen wir uns hilflos, haben keine Handlungsideen mehr und fühlen uns blockiert. Auch kann es zu raschen Wechseln zwischen den Rollenübertragungen kommen und wir verspüren in der Gegenübertragung verwirrende Handlungsimpulse. Mit dieser Metapher können Reinszenierungen innerhalb therapeutischer Prozesse, aber auch Familiendynamiken verstanden und erklärt werden. In Gruppen wie zum Beispiel Familien oder Teams können verschiedene Rollen auch durch unterschiedliche Personen besetzt sein. Um in die Rolle des empathischen Zeugens bzw. der empathischen Zeugin zu kommen, ist es bedeutend, die Reinszenierungen zu erkennen, bildhaft gesprochen: Über die eigene Stressregulation aus der Hüpfburg auszusteigen und aus der Rolle des empathischen Zeugens bzw. der empathischen Zeugin das Geschehen mit Abstand zu betrachten. Erst dann ist es uns möglich, Dynamiken zu verstehen, reflektiert zu handeln und Lösungen zur Unterbrechung der Reinszenierungen langfristig zu entwickeln (Boger, 2022). Gelingt uns dies nicht, sind wir im reflexhaften Reagieren gefangen, reagieren *wie die alten Täter*innen* und es kommt im schlimmsten Fall zu einer Retraumatisierung. Für die Reflektion der Dynamiken der Reinszenierungen ist es hilfreich, wenn sich sowohl Behandler*in als auch Patient*in in der Rolle der empathischen Zeug*innen befinden. Hierfür ist eine beidseitige Stressregulation notwendig. Da es Patient*innen zu Beginn einer Behandlung häufig schwer fällt, die traumagefärbte Aktivierung zu erkennen und sich selbständig in ihrem Stress zu regulieren, braucht es meist co-regulative Unterstützung durch die Behandler*innen. Sind die Achtsamkeit und Fähigkeiten zur Stressregulation der Patient*innen ausreichend geschult, können sie diese auch für sich alleine erkennen und anwenden.

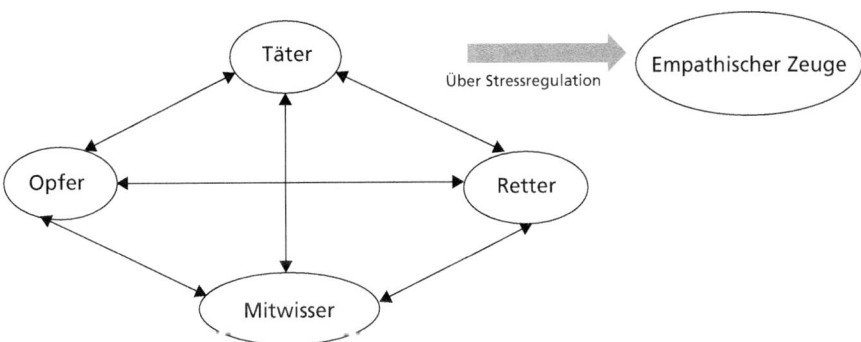

Abb. 1.4: Trauma-Viereck

Eine Möglichkeit zur Unterstützung der eigenen Achtsamkeit bezüglich Stressoren und damit für die eigene Stressregulation ist die Achterbahnmetapher. In der Achterbahnmetapher wird der Idee nachgegangen, dass wir, wenn wir zu Beginn einer Achterbahnfahrt in den Wagen steigen, zuerst noch recht entspannt sind. Je höher der Wagen mit uns fährt, umso mehr steigt der innere Stress an. Wenn unser Wagen schließlich zum ersten Looping gelangt, erleben wir einen sehr hohen inneren Stresslevel. Eine Stressregulation, ein »Aussteigen aus dem Achterbahnwagen« ist zu diesem Zeitpunkt nicht mehr möglich und wir müssen uns gedulden, bis die Achterbahnfahrt zu Ende ist und wir wieder aussteigen können. Die Herausforderung besteht nun darin, sich selbst achtsam dabei zu beobachten, auf welchem Stresslevel man sich selbst befindet. Bei leichtem inneren Stress (Stufe 1–3) fährt die Achterbahn langsam nach oben, bei ansteigendem Stresslevel (Stufe 4–6) gelangt sie weiter nach oben und bei hohem Stress (7–9) ist sie kurz vor dem Losfahren in den Looping. Bei einem Stressniveau von 10 fahren die Achterbahnwagen in den Looping und wir erleben einen subjektiven Kontrollverlust, der sich impulshaft durch heftige Handlungsreaktionen lösen kann. Nach der Einführung dieser Metapher kann gemeinsam mit den Patient*innen reflektiert werden, auf welche Art und Weise und wo im Körper der jeweilige Stresslevel auf jeder Stufe wahrgenommen wird. In einem weiteren Schritt werden individuelle Stressregulationsstrategien entsprechend zum jeweiligen Stresslevel erarbeitet. Was kann in der Akutsituation helfen, was kann kurzfristig, aber auch langfristig oder gar präventiv getan werden, um sich selbst vor unkontrollierbaren Impulsdurchbrüchen zu schützen. Günstig wäre es, seinen Stresslevel bereits bei ansteigendem Stress (Stufe 4–6) zu erkennen und zu regulieren. Bei einem hohen Stresslevel ist eine Stressregulation deutlich erschwert und zum Teil auch nur schwer durchführbar. Im Zusammenhang mit Übertragung und Gegenübertragung ist die eigene Achtsamkeit und die Fähigkeit zur Selbstregulation sowohl für die Behandler*innen als auch Patient*innen von besonderer Bedeutung, um Reinszenierungen frühzeitig erkennen und unterbrechen zu können.

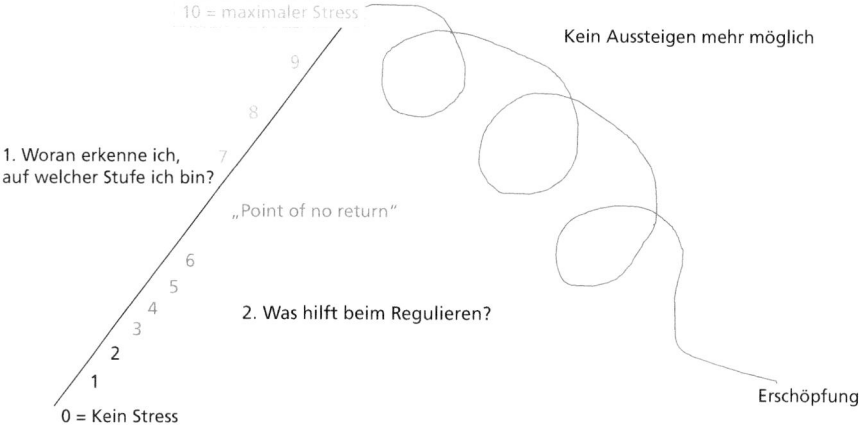

Abb. 1.5: Achterbahnmetapher

- Stufe 0–2 = Kaum Stress = Symptome?
- Stufe 3–6 = Ansteigender Stress = Symptome? = Was hilft?
- Stufe 7–10 = Großer Stress = Symptome? = Stressregulation sehr schwierig
- Ab Stufe 10 = Keine Stressregulation mehr möglich, aushalten und Schaden begrenzen

Woran erkennen wir unsere eigenen Stressstufen und was können wir zur Regulation tun?

Take Home

- Übertragungen und Gegenübertragungen sind umso intensiver, je mehr das limbische System aktiviert ist.
- Traumagefärbte Übertragungs- und Gegenübertragungsimpulse müssen erkannt und entsprechende Reinszenierungen unterbrochen werden.

- Hierfür sind eine achtsame Selbstwahrnehmung und gute Selbstregulationsfähigkeit notwendig.
- Hilfreich können die Metaphern der Hüpfburg und der Achterbahn sein.

1.6.3 Besondere Bedeutung von Feinfühligkeit im therapeutischen Prozess

Die Feinfühligkeit von Behandler*innen, als auch von weiter bestehenden Bezugspersonen ist sowohl im Beziehungsaufbau als auch in der integrativen Arbeit mit (früh) traumatisierten Menschen von entscheidender Bedeutung. Eine hohe Feinfühligkeit ist gekennzeichnet durch die Fähigkeit, die Bedürfnisse, Emotionen sowie körperlichen und non-verbalen Signale des Gegenübers präzise wahrzunehmen, zu lesen und angemessen darauf zu reagieren (Ziegenhain, Gebauer, Ziesel-Schmidt, Künster, Fegert, 2016; Strüber, 2019). Behandler*innen mit einer hohen Feinfühligkeit werden von Patient*innen im allgemeinen als empathischer, verständnisvoller und als »sicherer Ort« erlebt. Durch eine hohe Feinfühligkeit gelingt es den Behandler*innen leichter, ein sicheres Bindungsverhältnis zu den Patient*innen aufzubauen, deren emotionale Bedürfnisse adäquat zu erkennen und angemessen darauf zu reagieren. Auch unterstützt ein feinfühliges Validieren der Patient*innen durch die Behandler*innen das Wahrnehmen und Verstehen der eigenen Gefühle und ermöglicht damit eine Selbstreflektion und ein Selbstverständnis ihrer selbst (Allen, Fonagy, 2020). Zudem können sich in emotional hoch belasteten Situationen durch ein wiederholtes alters- und situationsadäquates Co-Regulieren der Patient*innen Selbstregulationsstrategien verinnerlichen. Bei Säuglingen geschieht dies im allgemeinen intuitiv durch die ersten Bezugspersonen im Rahmen der Ammensprache und frühen Regulationsbegleitung. Konnte in den ersten Lebensjahren diese Fähigkeit zur Selbstregulation als Säugling und Kleinkind durch feinfühliges Begleiten und Spiegeln durch die ersten Bezugspersonen nicht verinnerlicht werden, kann dies später durch ein hochfeinfühliges, co-regulatives Umfeld im Rahmen von korrigierenden Beziehungserfahrungen nachgeholt werden (Roth & Strüber, 2016; Strüber, 2019). Ein wirksamer Faktor von Psychotherapie ist ein feinfühliger validierender Kontakt der Behandler*innen zu ihren Patient*innen (Roth & Strüber, 2016).

Im therapeutischen Prozess liegt für den bindungsfördernden Beziehungsaufbau ein besonderes Augenmerk auf der Schulung der Feinfühligkeit der Behandler*innen. Es ist bedeutend, dass sie die Signale der Patient*innen in Mimik, Gestik, Vokalisation, Körperreaktionen und Verhalten feinfühlig lesen und wahrnehmen können. Sie müssen sich in die Gedanken- und Gefühlswelt ihrer Patient*innen hineinversetzen und deren Weltsicht und Reaktionen vor dem Hintergrund ihrer Lebensgeschichte verstehen können. Die Empfindungen der Patient*innen sollten adäquat validiert sowie auch durch ein konsistentes und situationsangemessenes Reagieren auf die Bedürfnisse der Patient*innen gehalten werden. Das Gegenüber wird durch das Validieren in Mimik, Gestik, Vokalisation, Körperreaktion und Verhalten gespiegelt. Dadurch werden die Patient*innen emotional abgeholt und (co-regulativ) begleitet (pacing and leading). Bei missverständlicher Wahrnehmung durch die Behandler*innen ist es deren Aufgabe dies zu erkennen, ihr Spiegeln zu korrigieren und durch ein angepasstes Verhalten ihrerseits den Patient*innen erneut eine Spiegelung anzubieten, bis eine abgestimmte Kohärenz zwischen Patient*innen und Behandler*innen entsteht (Allen, Fonagy, 2020). Dieser Prozess der Re-Connection ähnelt einem Tanz, in dem abwechselnd geführt wird. Es geht um ein Auf-sich-einander-Einstimmen, ein Miteinander-Bewegen und gegenseitiges Korrigieren. Hierdurch entsteht ein nonverbales Abstimmen und bei Gelingen ein Gefühl von Sicherheit in der Beziehung. Akzeptanz und Respekt vor den jeweils empfundenen Gefühlen, die in der jeweiligen individuellen Wahrnehmung vor dem Hintergrund der eigenen Lebensgeschichte eine völlige Sinnhaftigkeit haben, unterstützen das Empfinden einer tiefen Vertrautheit und des Verstandenwerdens. Dieses sich beständige Aufeinander-Einlassen und Abstimmen ermöglicht den Behandler*innen zudem ein co-regulatives Verhalten bei den Patient*innen.

Die Behandler*innen müssen in diesem therapeutischen Beziehungsrahmen, der sich von privaten Beziehungsgestaltungen deutlich unterscheidet, darauf achten, ihre eigenen Gefühle für sich zu reflektieren, zu regulieren, zurückzustellen und in ihrer Feinfühligkeit vollkommen beim Gegenüber zu sein. Eigene Befindlichkeiten, aktivierte Traumata sollten im Kontakt mit den Patient*innen nicht im Vordergrund stehen. Geschieht dies, besteht die Gefahr, dass damit die verbale und nonverbale Kommunikation negativ beeinflusst wird. Diese Fähigkeit fordert von Seiten der Behandler*innen ein hohes Maß an Selbstwahrnehmung, Selbstreflexion und Fähigkeiten zur Selbstregulation, die durch eigene Einzelselbsterfahrung regelmäßig geschult werden sollten.

Take Home

- Die Schulung der eigenen Feinfühligkeit ist für Behandler*innen von großer Bedeutung.
- Feinfühliges Verhalten der Behandler*innen im therapeutischen Beziehungsrahmen unterstützt bei den Patient*innen das Gefühl von Vertrautheit und Verstandenwerden.
- Feinfühligkeit ist damit die Grundlage für korrigierende Beziehungserfahrungen und damit für gelingende therapeutische Prozesse.

1.7 Stressregulationsstrategien

Wie bereits in Kapitel 1.6.2 erwähnt, ist die Fähigkeit zur Selbstregulation von Behandler*innen, aber auch von Patient*innen von großer Bedeutung. Hierfür sollten mit den Patient*innen in entspannten Situationen verschiedene Methoden zur Stabilisierung (▶ Kap. 1.8) und Stressregulation ggf. mit Unterstützung der

Achterbahnmetapher erarbeitet und eingeübt werden. Diese können bei chronisch erhöhtem Stresspegel regelmäßig oder auch bei unerwarteten Stressspitzen spontan angewendet werden. Mit den Patient*innen werden die Methoden und Übungen verschiedenen Stress-Kategorien zugeordnet. So werden sie befähigt, in Akutsituationen, in Situationen mit leichtem, mittlerem oder hohem Stress oder als tägliches Stressregulationsritual geeignete Methoden für sich anwenden zu können (Bohus, 2024; Sendera & Sendera, 2016). Für einen chronisch erhöhten Stresslevel haben sich tägliche oder mehrmals wöchentlich angewendete Techniken wie Stabilisierungsübungen (▶ Kap. 1.8), aber auch Ausdauer- und Kraftsportarten im unteren bis mittleren Pulsbereich, regelmäßige Spaziergänge, Atem- und Achtsamkeitsübungen wie zum Beispiel die Box-Atmung, Qigong, traumasensibles Yoga, Puzzeln, Malbücher, Körperübungen wie das Ausstreichen von Extremitäten, Dehnen, Musik hören oder machen etc. bewährt. Geführte Fantasiereisen und Autogenes Training gelten als Kontraindikation bei traumatisierten Menschen und sollten nicht angeboten werden. Hier besteht die Gefahr, dass über die veränderte Körperwahrnehmung wie Wärme und Schwere, aber auch über die Lenkung der Wahrnehmung auf bestimmte Aspekte der Fantasiereise von dem*der Behandler*in unbeabsichtigt Trigger gesetzt werden, die schlimmstenfalls zu einer Aktivierung der Traumawahrnehmung und damit zu einer Retraumatisierung führen können. Gerade bei den früh traumatisierten Patient*innen sollte besonders darauf geachtet werden, da hier viele Trigger in der Körperwahrnehmung sein können. Wichtig ist daher, dass alle Übungen individuell für die Patient*innen ausgewählt und von diesen als angenehm empfunden werden. Die Übungen sind dann für die Patient*innen wirksam, wenn die Patient*innen darüber zur Ruhe, bestenfalls in einen Flow-Zustand kommen, in dem sie völlig im Hier und Jetzt sind und die Gedanken für diesen Moment ausschalten können.

Zu Beginn der Übungen fällt dies Patient*innen häufig sehr schwer, was zu einem verfrühten Beenden der Übungen führt bzw. dazu, dass die Übungen *vergessen* werden. Die Notwendigkeit der Regelmäßigkeit des Übens und die Information, dass der positive Effekt erst verzögert einsetzt, sollte mit den Patient*innen besprochen werden. Manchen Patient*innen hilft es auch, sich Übungspartner*innen wie Freund*innen oder Bezugspersonen dafür zu suchen, um eine Verlässlichkeit zu erreichen. Auch das genaue Vorbesprechen, wann, wo und wie lange diese Übungen angewendet werden sollen, erhöht die Wahrscheinlichkeit des regelmäßigen Übens. Die Erfahrung zeigt, dass es hilfreich ist, die Übungen lieber kürzer und regelmäßig als selten und intensiv anzuwenden. Je mehr sie in der Alltagsroutine verankert werden, desto wirksamer werden sie von den Patient*innen auch mittel- und langfristig erlebt.

Für Akutsituationen eignen sich methodisch besonders die sogenannten Skills (aus dem Englischen übersetzt »Fähigkeiten«). Skills können verschiedene Gegenstände sein, die stark unangenehme Körperwahrnehmungen und -reize auslösen. Damit soll bei den Betroffenen eine hohe Irritation ausgelöst und damit eine Reorientierung im Hier und Jetzt ermöglicht werden. Bei dieser Art von Skills sollte es nicht um die Unterstützung von Selbstverletzung oder -schädigung gehen, sondern genau diese durch nicht schädliche Handlungen verhindern. Skills, die intensive angenehme Wahrnehmungen und Körperresonanzen auslösen, werden zur Reorientierung eher selten genutzt. Sie finden ihren Einsatz meist zur Re-Aktivierung des Wohlfühlorts oder um Entspannungsmomente bewusst zu aktivieren.

Ausgewählte Skills sollten in entspannten Situationen ausprobiert und für die Anwendung für verschiedene Stressstufen ausgewählt und je nach Ort der Anwendung (zuhause, Schule oder unterwegs) entsprechend kategorisiert werden. Zwei bis drei Skills pro Stress-Stufe reichen meist aus. Da sich Skills »abnutzen« können, haben sich Skills-Ketten bzw. das regelmäßige Wechseln von Skills bewährt. Bei Skills-Ketten handelt es sich um eine Abfolge verschiedener ausgewählter Skills, die nacheinander angewendet werden. Begonnen werden sollte mit den sogenannten Soft-Skills (weiche Fähigkeiten), also sanfteren Skills, um gegebenenfalls später auf sogenannte Hard-Skills (härtere Fähigkeiten) wechseln zu können. Unter Soft-Skills werden zum Beispiel weichere oder mittelharte Igelbälle, Gummibänder um das Handgelenk, schärfere oder saure Kaugummis/Bonbons und verschiedenste Arten von Gerüchen verstanden. Hard-Skills können zum Beispiel Ammoniak-Ampullen, Chilis oder sehr scharfe Bonbons sein (Bohus, 2024; Sendera & Sendera, 2016). Da sich aber auch Hard-Skills abnutzen können, sollte versucht werden, möglichst lange mit verschiedenen Soft-Skills-Ketten in unterschiedlichen Variationen auszukommen. Wie bei allen Übungen sollte auch hier eine individuelle Auswahl stattfinden, da jeder Mensch unterschiedlich sensibel auf verschiedene Arten von Reizen reagiert. Bei der Auswahl der Skills muss darauf geachtet werden, dass es sich bei den bewusst gesetzten Reizen nicht um Trigger handelt, die wiederum Intrusionen oder einen Flashback auslösen. Daher sollte die Auswahl und die erste Anwendung der Skills nur unter Begleitung von Behandler*innen erfolgen.

Zur weiteren Stressregulation haben sich Übungen wie der Dissoziations-Stop (Reorientierung im Raum, zum Beispiel durch Zählen von Dingen), Übungen zur Außenorientierung (zum Beispiel 5–4–3–2–1-Übung), Körperübungen wie bilaterales Klopfen oder zügiges Laufen, Akupressur oder Erdungsübungen (zum Beispiel die Baum-Übung) bewährt. Die Entscheidung, welche Übungen für welche Situationen am besten geeignet sind, sollte gemeinsam mit den Patient*innen von erfahrenen Behandler*innen getroffen werden.

Take Home

- Stressregulationsstrategien sind gemeinsam mit den Patient*innen individuell auszuwählen.
- Es ist bedeutend, dass für verschiedene Indikationen und Situationen verschiedene Strategien zur Verfügung stehen.
- Für Akutstress-Situationen eignen sich besonders Skills. Hier sollte mit Soft-Skills und/oder Soft-Skills-Ketten begonnen werden.

1.7 Stressregulationsstrategien

Methoden, um die Anspannung zu reduzieren

Soft-Skills:

- weichere oder mittelharte Igelbälle
- Gummibänder um das Handgelenk
- schärfere oder saure Kaugummis/Bonbons
- verschiedenste Arten von Gerüchen
- im 90°-Winkel an die Wand sitzen
- fünf Minuten so schnell wie möglich rennen
- Brausebonbons
- Cool-Pack
- Kaumuskulatur massieren
- Frischen Zitronensaft trinken
- Koblauch/Meerrettich pur essen

Hard-Skills:

- Ammoniak-Ampullen
- Chilis
- sehr scharfe Bonbons
- Schmerzpunkte fest drücken wie zum Beispiel Muskelansatz am Schlüsselbein
- Brennnesseln spüren
- ACE-Wärme-Pflaster
- Wasabi essen

Übungen zur Stress-Reduktion:

- Ausdauersport im unteren/mittleren Pulsbereich
- Kraftsport mit leichten Gewichten
- regelmäßige Spaziergänge
- Atem- und Achtsamkeitsübungen wie zum Beispiel die Box-Atmung
- Qigong
- traumasensibles Yoga
- Puzzeln, Malbücher
- Körperübungen wie das Ausstreichen von Extremitäten, Dehnen
- Musik hören oder machen
- Entspannungsbad
- Gedichte/Texte schreiben
- Gute Freunde anrufen
- Feder/Seifenblasen pusten und beobachten

Zur weiteren Stressregulation:

- Dissoziations-Stop (Reorientierung im Raum, zum Beispiel durch Zählen von Dingen, Benennen von Farben etc.)
- Übungen zur Außenorientierung (5–4–3–2–1-Übung etc.)
- Körperübungen wie bilaterales Klopfen oder zügiges Laufen
- Akupressur
- Balance-Übungen
- Jonglieren
- Erdungsübungen (Baum-Übung etc.)

Mehr Übungen in der kostenlosen App von Frau Claudia Croos-Müller: *Body2Brain. Die kleine Überlebens-App.* Oder in der *Skills-Liste:* www.stress-skills.de

Kontraindikation:

- Geführte Fantasiereisen
- Autogenes Training

1.8 Klassische Stabilisierungsübungen

Neben den Strategien zur Stressregulation (▶ Kap. 1.7) sind auch Stabilisierungsübungen wichtige Elemente in der vorbereitenden Traumaarbeit. Zu den klassischen Stabilisierungsübungen in der Traumaarbeit gelten imaginative Übungen wie der sichere Ort, die Tresorübung und die Lichtstromtechnik. Hierzu gibt es in Büchern und im Internet verschiedenste Erläuterungen zur Durchführung. Für mein Empfinden ist es bedeutend, *die* Übungsanleitung für die Patient*innen zu finden, die sich für diese selbst am stimmigsten und passendsten anfühlt. Die Patient*innen sollten zudem befähigt werden, diese Übungen für sich alleine in Stress-Situationen zuverlässig anwenden zu können.

1.8.1 Sicherer Ort

Bei der Sicheren-Ort-Übung beginnen viele Kolleg*innen mit einer klassischen Tranceinduktion, in der die Patient*innen gebeten werden, sich bequem hinzusetzen, ggf. die Augen zu schließen, für einige Momente dem Atem zu folgen und ihre Wahrnehmung nach innen zu richten. Des Weiteren werden sie gebeten, alles, was sie belastet, los und die Gedanken fließen zu lassen. Für einen Teil der Patient*innen ist dieser Beginn bedeutend, um anzukommen, ruhig zu werden und sich bewusst auf die Übung einlassen zu können. Es gibt aber auch andere Patient*innen, die allein diese Tranceinduktion bereits als einen Stressfaktor empfinden. Hier empfiehlt es sich, diese einleitenden Worte zu unterlassen und die Patient*innen direktiv, scheinbar spontan zu einem »Urlaub im Kopf« einzuladen. Dafür werden die Patient*innen gebeten, sich bequem hinzusetzen und sich gedanklich (mit Unterstützung des*der Behandler*in) auf eine Reise zu begeben. In beiden Fällen leitet der*die Behandler*in die Patient*innen dazu an, gedanklich die Räumlichkeiten, in denen sie sich aktuell befinden, zu verlassen und sich andere angenehme Orte vorzustellen, an denen sie gerne, möglichst für sich allein, verweilen möchten. Dies können Orte in der Realität oder auch nur in ihrer Fantasie sein. Ist ein angenehmer Ort gefunden, wird geprüft, wie sich dieser Ort für die Patient*innen anfühlt und ob sie dort verweilen oder lieber weitersuchen möchten, ob sich ein noch passenderer Ort finden lässt. Je nach Indikation kann der*die Behandler*in fragen, ob dies ein sicherer Ort oder ein Wohlfühlort ist. Haben die Patient*innen einen für sich angenehmen Ort gefunden, lässt sich der*die Behandler*in diesen auf allen Sinnesebenen beschreiben: Was sehen die Patient*innen, was riechen sie, was wird gehört und gefühlt, gibt es evtl. einen bestimmten Geschmack, den sie wahrnehmen. Hier hat es sich als hilfreich erwiesen, eigene Worte der Patient*innen erneut aufzugreifen und zu wiederholen. Eigene Vorschläge, wie der Ort noch gestaltet sein könnte, sollten möglichst unterlassen werden, da diese unter Umständen für den*die Behandler*in unbekannte Trigger für belastende Situationen beinhalten könnten. Dieser für die Patient*innen positiv besetzte Ort kann in der Imagination weiter ausgebaut, gestaltet und ergänzt werden, bis er für die Patient*innen möglichst ideal ist. Hierfür sollte den Patient*innen ausreichend Zeit gelassen werden, die beruhigende, angenehme Wirkung des Ortes körperlich spüren und ausbreiten zu lassen. Meist wird bei den Patient*innen eine entspannte Körperhaltung, ein ruhiger Atem, eine entspannte Mimik vielleicht mit einem Lächeln beobachtet. Je nach Zeitrahmen werden die Patient*innen am Ende der Übung gebeten, sich langsam von ihrem Ort zu verabschieden. Sie sollen für sich prüfen, was sie brauchen, um ihren Ort gut zurücklassen zu können, mit dem Wissen, dass sie immer und jeder Zeit in Gedanken dorthin zurückkehren können. Manche Patient*innen benötigen dafür eine Schutzkuppel oder einen Zaun, andere wiederrum Schutztiere, die den Ort beschützen. Es besteht auch die Möglichkeit, den Ort mit einer Körperbewegung oder einem Wort als Anker zu verbinden, damit das spätere Zurückkehren erleichtert wird. Dies sollte jedoch komplett den Patient*innen selbst überlassen werden. Anschließend werden die Patient*innen angeleitet, wieder in das Therapiezimmer, in das Hier und Jetzt, zurückzukommen. Diese Übung können die Patient*innen im Anschluss selbständig zu Hause wiederholen. Je regelmäßiger dies geübt wird, umso leichter gelingt es den Patient*innen auch in Stress-Situationen dorthin wieder zurückzukehren. Es dürfen auch verschiedene Orte mit unterschiedlichen Indikationen (wohlfühlen, sicher fühlen, Orte der Begegnung etc.) und Sicherheitsstufen eingeübt werden.

1.8.2 Tresorübung

Die Tresorübung ist geeignet, um aufkommende Intrusionen im Alltag oder während der Behandlung, aber auch verbleibende Restbelastungen am Ende einer therapeutischen Sitzung gut aus dem Bewusstsein »wegzupacken« und damit eine Stabilisierung im Alltag zu erreichen. Hier hat es sich bewährt, mit den Patient*innen zuerst in entspannten Situationen zu üben, wie weniger belastende Bilder, Gedanken und Wahrnehmungen zuerst externalisiert und später in einen Tresor gepackt werden können. Dies kann geschehen, indem sie in sich die inneren Bilder wie einen alten Film auf einem Bildschirm vorstellen. Es gibt auch die Möglichkeit, diese imaginativ im Raum als ein Hologramm erscheinen zu lassen oder sie auf einer Leinwand zu sehen. Bei Bildern mit besonders großer Belastung kann eine größere Distanzierung der Bilder notwendig werden. Hier werden die Patient*innen angeleitet, sich diese Bilder wie auf einem Bildschirm, der sich im Nachbarhaus befindet, vorzustellen. Noch mehr Distanz schafft die Vorstellung, dass durch das eigene Fenster über den Garten hinweg durch das Fenster des Nachbarhauses auf den Bildschirm geblickt wird. Damit soll durch die Imagination eine größtmögliche Distanz zum Innenleben und damit eine emotionale Entlastung erreicht werden. Des Weiteren können die nun externalisierten Bilder mit einer Fernbedienung kleiner, blasser, ggf. leiser etc. gestellt werden. Sind die Belastungen nun deutlich distanzierter und damit weniger bedrückend, können sie in einen Tresor, ein Gefäß oder eine Truhe gepackt werden. Hierfür können zum Beispiel die Bilder auf ein Zwischenmedium wie einen USB-Stick oder auch das Hologramm mit einem Laserstrahl direkt in ein Schutzgefäß als Zwischenmedium gezogen und damit in den Tresor gelegt werden. Andere wiederrum legen die gesamte Leinwand in eine abschließbare Truhe. Bei wiederaufkommenden Belastungen können neue Gefäße genutzt oder auch bestehende Gefäße mit Einwegschleusen versehen und damit gefüllt werden. Auch hier sind der Fantasie keinerlei Grenzen gesetzt, solange es von Patient*innen als stimmig empfunden wird und sie sich danach deutlich entlastet fühlen. Es ist darauf zu achten, dass der Tresor bzw. die entsprechenden Gefäße, aber auch die belastenden Inhalte selbst nicht zerstört werden. Hier handelt es sich um eine Stabilisierungsübung mit dem Ziel, dass die belastenden Ereignisse zu einem späteren Zeitpunkt für eine Verarbeitung aus dem Tresor zurückgeholt werden können. Da über diese Übung keine Integration ermöglicht wird, sondern es sich dabei um ein bewusstes Dissoziieren zur Stabilisierung handelt, können die belastenden Erlebnisse dennoch weiter über Trigger aktiviert werden. Sollte dies geschehen, kann diese Übung wiederholt angewendet werden. Da dies auch bei einer imaginativen Zerstörung der belastenden Erinnerungen geschehen kann, kann dadurch das Vertrauen in die Methode beeinträchtigt werden. Aus diesem Grund sollte die Sinnhaftigkeit dieser Übung und das Risiko einer erneuten Aktivierung der Inhalte durch Trigger mit den Patient*innen besprochen werden. Ihnen sollte bewusst sein, dass eine imaginative Vernichtung der Inhalte nicht zum erwünschten Erfolg führen wird. Aber gleichzeitig sollte den Patient*innen auch die Sicherheit gegeben werden, dass sie durch das Wiederholen der Übung ein wertvolles Werkzeug zur eigenen Stabilisierung an die Hand bekommen. Auch diese Übung sollte von den Patient*innen weiterhin geübt werden, damit diese in großen Belastungssituationen schnell und zuverlässig angewendet werden kann.

1.8.3 Lichtstromtechnik

Die Lichtstromtechnik ist eine Übung, die sich besonders gut bei körperlichen Intrusionen und Beschwerden anwenden lässt. Hierzu wird die unangenehme Körperempfindung vorab externalisiert, indem die Patient*innen gefragt werden, wo diese Empfindung im Körper genau lokalisiert wird und welche Farbe dieser Empfindung zugeschrieben werden kann. Des Weiteren werden danach die Patient*innen gefragt, welche Konsistenz diese farbige Körperempfindung vermutlich hätte, wenn angefasst werden könnte. Sie kann ein fester, klebriger, flüssiger oder auch nebelartiger etc. Gegenstand sein. So wird die Empfindung auf verschiedensten Ebenen wie Oberflächenstruktur, Gewicht, Temperatur etc. externalisiert. Dadurch soll die Symbiose mit dem eigenen Ich und dem Körper aufgehoben werden, um eine Veränderung der Körperempfindung zu ermöglichen. Ist eine Trennung zwischen dem Ich und der Empfindung erfolgt, werden die Patient*innen gebeten, sich am Kopf eine Öffnung vorzustellen, durch die ein für sie angenehm empfundenes farbiges Licht mit der richtigen Temperatur in den Kopf und schließlich durch den gesamten Körper strömt und an den Füßen wieder austritt. Dieses Licht durchfließt den Körper und reinigt diesen, indem alles Unangenehme und Belastende gelöst und über die Füße an den Boden abgegeben wird. Die Patient*innen werden gebeten, sich vorzustellen, wie das Licht die zuvor externalisierten Emotion(en) umschließt, durchdringt und verkleinert. Ist die belastende Empfindung deutlich vermindert oder sogar verschwunden, dürfen die Patient*innen selbst wählen, ob die Öffnung zuerst an den Füßen oder am Kopf geschlossen wird. Auch hier sollten die Patient*innen am Ende der Übung entspannt und möglichst beschwerdefrei sein. Diese Übung empfiehlt sich auch besonders bei Einschlafbeschwerden.

> **Take Home**
>
> - Imaginative Stabilisierungsübungen sollten je nach Indikation passgenau für jede*n Patient*in ausgewählt werden.
> - Die Patient*innen sollten in der Wahl und Ausführung der Übung größtmögliche Kontrolle behalten.
> - Stabilisierungsübungen sollten regelmäßig geübt werden, damit sie in Akutsituationen schnell und zuverlässig angewendet werden können, aber auch mittel- und langfristig zu einer Stressregulation führen.

1.9 Ressourcen-Anteile entwickeln und inneres Trösten im therapeutischen Prozess

In der Behandlung von Traumata hat sich die Arbeit mit inneren Rollen und Anteilen als ein wertvoller Bestandteil etabliert. Hier handelt es sich um das Konzept, innere emotionale und seelische Bedürfnisse und Gefühlszustände über das Bild innerer Anteile in Form von zum Beispiel Tieren oder Figuren zu externalisieren und damit zu konkretisieren (Peichl, 2013, 2022).

Bereits in den 1980er Jahren entwickelte John K. Pollard das Konzept der Ego-State-Therapie, die wohl eine der bekanntesten Theorien in der Arbeit mit inneren Anteilen ist. Die Ego-State-Therapie basiert auf der Idee, dass das gesamte Selbst einer Person aus einzelnen Innenanteilen besteht, die je nach Kontext und emotionalem Zustand unterschiedlich aktivierbar sind. Nach traumatischen Situationen können diese inneren Anteile fragmentieren und kontextbezogen in der traumatischen Situation bestehen bleiben. Das Ziel der Ego-State-Therapie ist, die inneren Anteile zu erkennen, bewusst zu machen und über die Kommunikation zwischen und mit ihnen eine Integration zu einem kohärenten Selbst wieder zu ermöglichen (Fritsche & Hartman, 2025; Shapiro, 2020).

Aber auch Jochen Peichl, Ellert Nijenhuis und viele andere entwickelten Konzepte zur Arbeit mit inneren Anteilen, so dass sich diese Idee von inneren Welten aus verschiedenen Anteilen in der Psychotherapie und besonders in der Traumaarbeit heute etabliert hat (Peichl, 2013, 2022; Nijenhuis, 2016, 2018).

Die Arbeit mit inneren Anteilen bietet gerade in der psychotherapeutischen Arbeit vielfältige kreative Möglichkeiten. Während manche Kolleg*innen mit verschiedenen äußeren Rollen arbeiten, die je nach Kontext unterschiedlich aktiviert und angesprochen werden, gibt es auch die Idee von verschiedenen inneren Rollen oder Anteilen. Als äußere Rollen werden zum Beispiel die Rolle als Mutter, als Tochter, als Sohn, Freund etc. bezeichnet. Als innere Rollen werden Charaktereigenschaften wie tapfer, klug oder ängstlich externalisiert. Innere Anteile wiederrum sind auch kontextbezogen wie das innere Kind, der innere Beschützer oder auch Täterintrojekte. Bei diesen Rollen und inneren Anteilen handelt es sich um spezifische, fachsprachliche Begriffe, die sich unabhängig vom Geschlecht auf alle Personen beziehen. Aus diesem Grund ist bei rein männlichen Begriffen immer auch das weibliche und diverse Geschlecht miteinbegriffen.

In der Arbeit mit äußeren und inneren Rollen werden diese in der Regel als *mir* zugehörig und als *Ich* empfunden (Fritsche & Hartmann, 2025; Peichl, 2013, 2022). Die Übergänge zwischen den Rollen sind in der Regel fließend und die Rollen können bewusst gewechselt werden.

Diese einzelnen Rollen entstehen durch zwischenmenschliche Interaktionsbeziehungen. Je emotionaler diese Interaktionen besetzt sind, umso mehr differenzieren sich einzelne Rollen aus. Je länger diese Rollen bestehen und in der Interaktion mit bestimmten Menschen genutzt werden, desto stärker differenzieren sie sich in eigene zustandstypische Gedanken und Verhaltensweisen aus, die in diesem Kontext auch eine hohe Sinnhaftigkeit zeigen. In neuen unbekannten Interakti-

1.9 Ressourcen-Anteile entwickeln und inneres Trösten im therapeutischen Prozess

onsbeziehungen überprüft unser Vorbewusstes, welche Rolle für diese neue Interaktion vermutlich am geeignetsten wäre und aktiviert diese entsprechend. Das heißt, im Kontakt mit anderen Menschen zeigt sich eine wiederbelebte Vorstellung aus der Vergangenheit in der Gegenwart. Erweist sich die aktivierte Rolle als nicht passend oder funktional, können wir leicht in eine andere Rolle, die eventuell besser passt, wechseln. Was alle Rollen vereint, ist eine gemeinsame Vorstellung von Werten, Moralvorstellungen, Regeln und Gesetzen. Diese übergeordnete Vorstellung wird auch als das Über-Ich bezeichnet und bildet sich über sehr frühe emotionale Interaktionserfahrungen mit uns wichtigen Bezugspersonen aus und ist dadurch nur sehr schwer veränderbar. Wir verinnerlichen also in den ersten Lebensjahren über die Interaktion mit Bezugspersonen, was im Leben wichtig ist, was in Ordnung ist bzw. was nicht in Ordnung ist und wie ich sein muss, um von meinen wichtigen Bezugspersonen geliebt zu werden. Diese inneren Vorstellungen des Über-Ichs werden in der Regel nicht in Frage gestellt, sondern als *normal* empfunden, da es sich *so gehört*. Begegnen uns Menschen mit anderen Formen des Über-Ichs, mit anderen Moralvorstellungen über das Leben, wirkt dies im günstigsten Fall spannend oder irritierend, im schlimmsten Fall bedrohlich auf uns. Veränderungen des Über-Ichs sind nur sehr schwer, nach jahrelangen korrigierenden Beziehungserfahrungen zu erreichen, da es sich für uns *so falsch* anfühlt. Kurzfristige Anpassungen an die Moralvorstellungen anderer Menschen können vorübergehend unter hoher Anstrengung gelingen, wenn diese von außen über Autorität, Belohnen/Bestrafen oder zum Überleben als notwendig erscheinen. Häufig zeigen sich jedoch die sehr früh verinnerlichten Bilder des Über-Ichs erneut in großen Stress-Situationen, in denen die Impulskontrolle nicht mehr so gut gelingt, oder sobald der beständige Kontakt mit den von uns als autoritativ empfundenen Mitmenschen, mit den abweichenden Vorstellungen, nicht mehr besteht. Eine beständige Veränderung des Über-Ichs benötigt sehr viel Zeit und korrigierende Beziehungserfahrungen mit emotional bedeutsamen Bezugspersonen, da sich neue innere Bilder etablieren müssen. Je emotionaler und beständiger diese neuen Beziehungserfahrungen sind, desto nachhaltiger kann eine Veränderung gelingen (Fritsche & Hartmann, 2025; Peichl, 2013, 2022). Hier sehen wir häufig Schwierigkeiten in der Arbeit mit Pflege- und Heimkindern, die sich meist nur vorübergehend im Kontakt mit Korrektur bietenden neuen Bezugspersonen befinden. Sind diese Kontakte nicht ausreichend positiv emotional besetzt oder zeitlich und inhaltlich nicht ausreichend konstant, können keine neuen inneren Bilder entstehen. Daher zeigen viele Betroffene nach Beendigung einer Maßnahme wieder ihre alten, bewährten Verhaltensmuster, die sie von ihren frühen Bezugspersonen in den ersten Lebensjahren übernommen haben.

Sowohl die äußeren und inneren Rollen als auch die inneren Anteile entstehen über Interaktionsbeziehungen mit für uns wichtigen Bezugspersonen. So bilden sich über emotionale Beziehungserfahrungen im Außen innere Anteile in uns selbst. Neben einem alltagsfunktionalen Anteil, häufig Anscheinend Normaler Persönlichkeitsanteil (ANP) genannt, bilden sich auch emotional besetzte innere Anteile, die Emotionalen Persönlichkeitsanteile (EP). Diese können sehr positiv besetzt sein im Sinne »Ein Teil von mir ist liebenswert und wertvoll!«. Über stressvolle oder auch traumatisch empfundene Erfahrungen mit wichtigen Be-

1 Grundlagen der I.B.T.-Methode

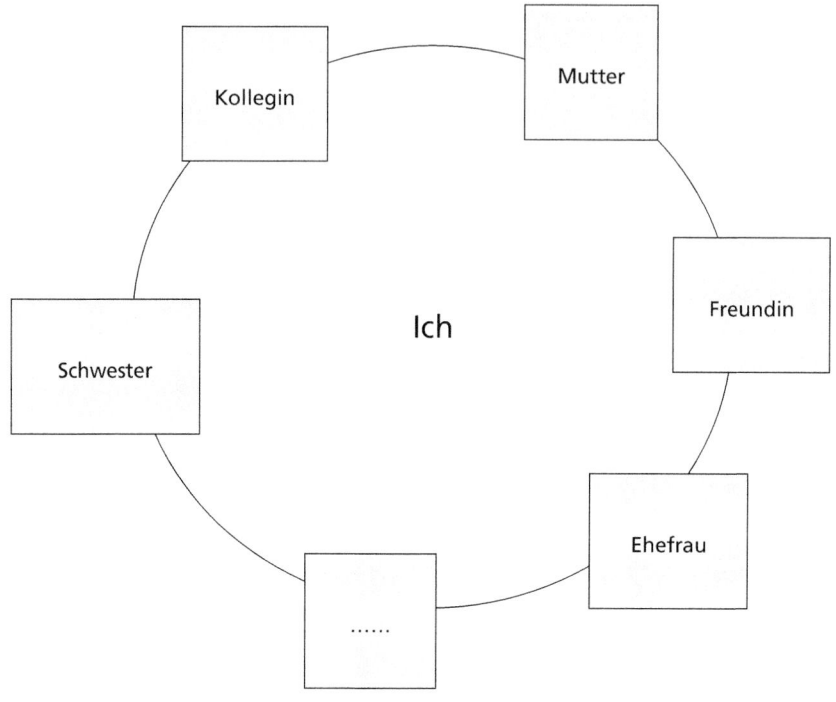

Abb. 1.6: Unterschiedliche äußere Rollen, die als ICH empfunden werden und bewusst abrufbar sind

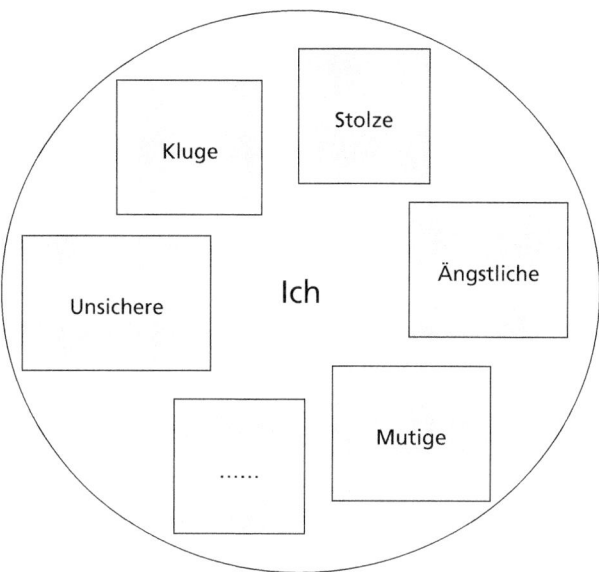

Abb. 1.7: Unterschiedliche innere Rollen, die als ICH empfunden werden und (meist) bewusst abrufbar sind

zugspersonen können sich aber ebenso ambivalent oder negativ besetzte innere emotionale Anteile bilden. Je größer die belastende emotionale Aktivierung ist, desto negativer zeigen sich diese inneren Anteile. Hier unterscheiden wir ambivalent besetzte, kontrollierende Anteile (k EP) wie zum Beispiel die inneren Kritiker, die sich gerne in Glaubenssätze wie »Ich muss perfekt sein« etc. zeigen, bis hin zu sehr negativ besetzten, sogar bedrohlichen und beängstigenden Anteilen, den sogenannten Täterintrojekten mit Botschaften wie zum Beispiel »Ich bin Dreck«. Parallel zu den ambivalent besetzten Anteilen und den Täterintrojekten entstehen in der Regel äquivalente fragile Trauma-Anteile (f EP) in Form von verletzten inneren Anteilen, die emotional in dem Alter und Gefühlszustand geblieben sind, in dem sie entstanden sind. Sind diese aktiviert, erleben die Menschen eine große Hilflosigkeit und Verzweiflung, fühlen sich in die Vergangenheit in die belastende oder gar traumatische Situation zurück katapultiert und verhalten sich aus diesen Empfindungen und Wahrnehmungen heraus (Peichl, 2013, 2022; Nijenhuis, 2016, 2018).

Durch das Externalisieren von emotionalen Persönlichkeitsanteilen können innere Dialoge und mehr Verständnis für sich selbst erreicht werden. Neben den fragilen verletzten inneren Trauma-Anteilen, die in manchen Kontexten auch die verletzten inneren Kinder genannt werden, und den kontrollierenden Anteilen wie die inneren Kritiker oder Täterintrojekte sollten immer auch innere Ressourcen-Anteile (r EP) herausgearbeitet werden. Sie beinhalten stärkende, schützende und positive Anteile, die den inneren Kindern zur Bewältigung der traumatischen Situationen zur Seite stehen sollen oder auch bei anstehenden Herausforderungen die Patient*innen in der Bewältigung unterstützen können (Peichl, 2013, 2022; Nijenhuis, 2016, 2018). Sie bilden sich für das innere emotionale Gleichgewicht aus, um den inneren Kritikern oder gar den Täterintrojekten etwas entgegenzusetzen. Je resilienter ein Mensch ist, desto besser gelingt ihm das Ausbilden eines inneren Gleichgewichts und umso stabiler zeigt sich dieser Mensch dann auch im Alltag.

Diese inneren Welten bilden ein Abbild von frühen Beziehungserfahrungen in uns selbst wieder und reinszenieren sich dadurch im Inneren erneut. In entspannten Situationen nehmen wir dies kaum bis gar nicht wahr. In emotionalen Situationen jedoch erleben wir auf Grund der inneren Aktivierung unserer inneren Welt durch Außenreize (Trigger) eine innere Anspannung oder Unruhe. Glaubenssätze oder Botschaften der inneren Kritiker oder der Täterintrojekte tauchen auf und versuchen die Wahrnehmung und das Verhalten des ANP zu beeinflussen. Ziel von ihnen ist es, den ANP durch die Botschaften zu einem veränderten Verhalten zu bewegen und Triggern damit zu entkommen. Da sich die inneren verletzten Kind-Anteile ja noch immer in der bedrohlichen Wahrnehmung von damals befinden, ist dies für das innere System überlebensnotwendig, um damit wieder ein inneres Gleichgewicht und Sicherheit herzustellen. Gelingt dies nicht, da entweder der ANP die inneren Impulse und Gedanken ignoriert und/oder diese nicht zielführend sind, kann es zu einer Dekompensation kommen und die verletzten inneren Trauma-Anteile zeigen sich. Dies kann in Form von Intrusionen, aber auch Flashbacks oder Dissoziation sein. Kennzeichnend dafür ist, dass die damalige Bedrohung im Heute noch immer genau so intensiv und bedrohlich wie damals empfunden wird. Durch die Stärkung des ANP in der Stabilisierungsarbeit ist es zum einen das Ziel über Psychoedukation mehr Verständnis über die eigene Innen-Welt, als auch die Möglichkeit für einen inneren Dialog mit und zwischen den inneren Anteilen zu ermöglichen. Damit können und sollen kontrollierende Anteile in ihrer Funktion verstanden und damit umgedeutet, entmachtet oder zumindest abgemildert werden. Zum anderen sollen für das innere Gleichgewicht auch innere Ressourcen-Anteile als Gegengewicht zu den kontrollierenden inneren Anteilen installiert und gestärkt werden. In der integrativen Arbeit können damit die inneren Kind-Trauma-Anteile getröstet und geheilt werden, damit eine Aktivierung dieser in Trigger-Situationen nicht mehr oder zumindest kontrolliert geschieht und sich damit auch die kontrollierenden emotionalen Persönlichkeitsanteile verändern dürfen (Fritsche & Hartmann, 2025; Peichl, 2013, 2022; Nijenhuis, 2016, 2018).

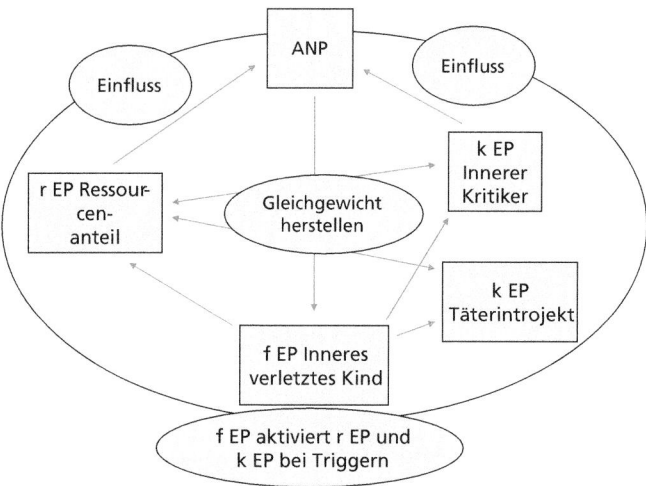

Abb. 1.8: Innere Anteile: Durch Stärkung des ANP und der r EP sowie Dialog zwischen den Anteilen kommt es zur Heilung der f EP (adaptiert von Peichl, 2013, 2022)

Ein besonderer Schwerpunkt in der Stabilisierung bei der Arbeit mit frühen Traumata sollte gerade auf dem Etablieren von inneren Ressourcen-Anteilen liegen. Diese werden während des Prozesses häufig benötigt, um inneren verletzten Anteilen beizustehen, sie zu trösten und ggf. nachzubeeltern. Dies unterstützt zum einen das Verarbeiten von alten Verletzungen, zum anderen kann diese Arbeit helfen, sich bewusst zu machen, dass die alten Verletzungen der Vergangenheit angehören und es heute vorbei ist. Im Sinne der Rekonsolidierung ist das Erlebbarmachen von sogenannten Mismatch-Erfahrungen, wie zum Beispiel das Gefühl von Selbstmitgefühl, Selbstfürsorge und der Selbstwirksamkeit durch das eigene Trösten jüngerer, verletzter Anteile ein Hauptwirkfaktor in der Traumaverarbeitung (▶ Kap. 1.9). Das »Erleben der Nichtübereinstimmung« ist notwendig zur Verarbeitung von traumatischen Erfahrungen. Dies geschieht, indem die belastende Erfahrung aktiviert und gleichzeitig eine gegenteilige empfundene Erfahrung (Selbstmitgefühl, Selbstfürsorge und der Selbstwirksamkeit durch das eigene Trösten jüngerer, verletzter Anteile) erlebbar gemacht wird (Ecker, Ticic & Hullel, 2018). Diese Erkenntnisse werden im Prozess des inneren Tröstens genutzt.

Das Auftauchen von kontrollierenden Anteilen kann das Herausarbeiten der stärkenden Ressourcen-Anteile deutlich erschweren (meist Anteile wie der innere Kritiker) oder sogar verhindern (Täterintrojekte). Da auch kontrollierende Anteile emotional in dem Zeitpunkt des Traumas verharren, in dem sie entstanden sind, und sich damit noch in der vergangenen Angst befinden, ist es bedeutend, sie in ihrem Grund zu verstehen (Peichl, 2013). Die Behandler*innen können über den*die Patient*in oder auch durch direktes Ansprechen des k EP erfragen, welchen guten Grund diese Anteile in ihrem Tun haben. Wenn wir verstehen, was sie mit ihrem Tun erreichen bzw. verhindern, wovor sie quasi schützen möchten, können wir gemeinsam mit ihnen und dem ANP funktionalere Strategien erarbeiten. Wichtig ist, dass auch diese Anteile sich wahrgenommen, gesehen und verstanden fühlen. Erst dann werden sie bereit sein, sich zurückzunehmen, Ressourcen-Anteile zu entwickeln und später das innere Kind heilen zu lassen (Peichl, 2013, 2022; Nijenhuis, 2016, 2018).

Einleitend werden die Patient*innen mit dem Bild des inneren Kindes vertraut gemacht. Es werden gemeinsam mit den Patient*innen innere Bilder konstruiert, dass jeder Mensch innere Kind-Anteile in sich trägt, die die alten Verletzungen aber auch freudvollen Prägungen unserer frühen Kindheit in sich tragen. Unsere inneren Kinder sind emotional in dem Alter verhaftet, in dem sie entstanden sind und haben weiterhin die Bedürfnisse nach Versorgung und liebevollem Beeltert-Werden. Neben den ressourcenbesetzten inneren Kindern, die weiterhin die Leichtigkeit und kindliche Freude in sich tragen, gibt es auch die verletzten inneren Kinder, die die alten Ängste, Sorgen und Traumata mit sich führen. Sie haben noch nicht realisiert, dass diese damalige Zeit heute vorbei ist. Sie haben noch nicht verstanden, dass wir heute älter, mit altersangemessenen Bewältigungsstrategien und Schutzmechanismen ausgestattet sind, um adäquat mit heutigen Herausforderungen umgehen zu können. Neben den Bildern der ressourcenbesetzten und verletzten inneren Kinder soll vor allem das heutige erwachsene Ich als Ressourcen-Anteil gestärkt werden. Den Patient*innen soll erlebbar gemacht werden, dass das »Erwachsene-Ich« heute völlig andere Möglichkeiten hat als die damaligen Kinder in der traumatischen Situation. Mit dem erworbenen Wissen und der Erfahrung sind wir heute in der Lage, bestenfalls selbstwirksame Entscheidungen zu treffen und uns vor potenziellen Gefahren vorausschauend und aktiv zu schützen. Sollte es den Patient*innen schwerfallen, das heutige Ich als Ressource zu erleben, können gleichzeitig weitere Ressourcen-Anteile im Inneren etabliert werden. Dies können ein erfahrener, weiser Ich-Anteil, imaginative Schutztiere oder auch andere Schutzanteile mit unterschiedlichsten Fähigkeiten und Stärken sein. Diese inneren Schutz-Anteile können zur Veranschaulichung durch Figuren, Bilder oder Tiere externalisiert oder auch rein in der Imagination auf der inneren Bühne vorgestellt werden. Wichtig ist das emotionale und körperliche Erleben der inneren Kraft und Selbstwirksamkeit. Diese werden im weiteren Verlauf als Mismatch-Ressource in der inneren traumaintegrativen Arbeit benötigt (Ecker, Ticic & Hullel, 2018; Fritsche & Hartmann, 2025; Peichl, 2022). Sollten die kontrollierenden Anteile versuchen, diesen ressourcenorientierten Prozess zu stören oder gar zu verhindern, werden auch diese eingeladen sich zu zeigen und über Externalisierung veranschaulicht. Über dieses Vorgehen wird ein Dialog mit diesen ermöglicht, um sie in ihrem Tun zu verstehen und damit eine Transformation anzustoßen (Peichl, 2022).

Die Vorstellung von inneren Anteilen fällt Kindern häufig sehr leicht, da sie auf Grund ihres fantasievollen Denkens einen spielerischen Zugang dazu finden können. Je älter die Patient*innen werden, umso schwerer fällt ihnen unter Umständen die Vorstellung, imaginative Ressourcen-Anteile, verletzte Anteile oder sogar kontrollierende Anteile in sich zu tragen. Eine gute Einführung in das Denken der Teilearbeit ist, den Patient*innen anzubieten, dass ein Teil von ihnen dieses frühe Ereignis weiterhin als Belastung erlebt und es einem anderen Teil aber dennoch gelingt, diese Erinnerung zeitweise zur Seite zu schieben und den Alltag zu bewältigen. Zeigen die Patient*innen dafür Verständnis, können weitere Externalisierungsschritte angeboten werden, etwa dass der belastende Anteil wohl noch recht klein sei und die Belastung immer noch so schlimm erlebt werde wie damals. Gleichzeitig gebe es aber das heutige Ich, als ein Teil der Patient*innen, der dies alles überlebt hat und sehr stark sei. Nicken die Patient*innen weiterhin dieses Angebot ab, können weitere Bilder zum Externalisieren in Betracht gezogen werden. Hier können den Patient*innen etwa kleine Tierfiguren zur Symbolisierung angeboten oder jüngere Kinder gefragt werden, ob sie selbst dazu Ideen haben wie zum Beispiel ein bereits vorhandenes Kuscheltier oder eine Pokémon®-Figur. Gelingt damit eine Symbolisierung der inneren Anteile, kann auf die Körperebene gewechselt werden. Hier werden die Patient*innen eingeladen, in sich hineinzufühlen, wo im Körper sie die jeweiligen Anteile in Resonanz erleben. Dabei wird ein besonderer Schwerpunkt auf die Ressourcen-Anteile gelegt. Wo werden die Kraft und die Stärke des heutigen Ichs bzw. des Kraftanteils gespürt. Dieses positive Gefühl kann durch eine langsame bilaterale Stimulierung, zum Beispiel einem Rechts-links-Klopfen, nochmals deutlich verstärkt und ggf. durch eine Geste als Körperanker verknüpft werden. Dieses Aktivieren von inneren Ressourcen-Anteilen mit der angeleiteten Verstärkung dieser im Körpergedächtnis können Patient*innen immer und jederzeit für sich zu Hause üben und als Ressource anwenden. Je häufiger dies geübt und gefühlt wurde, umso leichter fällt es Patient*innen später, diese stärkenden Anteile in Belastungssituationen abzurufen. So erhalten sie ein wertvolles Instrument zur Selbstunterstützung im Alltag an die Hand.

Take Home

- Über das Herausarbeiten innerer Anteile kann mehr Verständnis über die eigene Innenwelt erreicht werden.
- Neben den kontrollierenden Anteilen (innerer Kritiker, Täterintrojekte) und fragilen (inneren Kind-Trauma) Anteilen sind die Ressourcen-Anteile von besonders großer Bedeutung.
- Auch das heutige Ich, als ANP, kann einen wichtigen Ressourcen-Anteil darstellen.

- Ressourcen-Anteile sollten als Körperresonanz im Körper wahrgenommen werden, um ihre heilsame Kraft als Mismatch-Ressource auch entfalten zu können.

2 Praktische Arbeit mit der I.B.T.-Methode

Die Herausforderung bei der Arbeit mit frühen Traumata besteht darin, dass diese häufig nicht bewusst erinnerbar sind. Die Informationen darüber sind im Körpergedächtnis abgespeichert und beeinflussen unser Fühlen, Denken und Verhalten im Hier und Jetzt. Möchten wir nun diese frühen abgespeicherten traumatischen Körpererinnerungen in einem geschützten Rahmen für eine Traumaintegration bewusst aktivieren, ist es bedeutend, dass die Patient*innen sich in einer Wohlfühlatmosphäre befinden, in der sie sich völlig auf sich selbst konzentrieren können und nicht durch äußere Stressoren abgelenkt werden. Hier spielt besonders die Beziehung zu dem*der Behandler*in eine große Rolle. Nur wenn sich die Patient*innen im Kontakt mit dem*der Behandler*in sicher, gehalten und gesehen fühlen, ist bei einer Aktivierung des Sympathikus ein Zulassen früher Körpererinnerungen möglich. Dafür ist es bedeutend, dass zwischen Behandler*in und Patient*in eine tragfähige therapeutische Beziehung entsteht, in der der*die Behandler*in von dem*der Patient*in als sicherer Ort wahrgenommen wird. In Ausbildungsseminaren stelle ich immer wieder die Frage, wie das gelingt. Mit Rollenspielen erarbeiten sich die angehenden Psychotherapeut*innen die verschiedenen Ebenen, die ausschlaggebend sind, um als sicherer Ort wahrgenommen zu werden. Ihnen wird durch das eigene Erleben bewusst, dass der*die Behandler*in implizit und explizit in einem hohen Maß Sicherheit ausstrahlen sollte. Er*sie sollte selbst Vertrauen in die angewandte Methode und die Selbstheilungskräfte der Patient*innen haben. Auch ein möglichst großes Verhaltensrepertoire für das Halten und Co-Regulieren von starken Gefühlen des Gegenübers und im Umgang mit hochemotionalen Situationen in der Therapie sind hilfreich. Hier spielt besonders die Feinfühligkeit und die Authentizität des*der Behandler*in eine große Rolle (▶ Kap. 1.6). Stimmt ihre innere Haltung nicht mit ihrem Verhalten und ihrem Gesagten überein, wird der*die Behandler*in von den Patient*innen nicht als authentisch und damit auch nicht als sicherer Ort erlebt. Studien belegen, dass die therapeutische Beziehung einer der größten Wirkfaktoren im psychotherapeutischen Prozess ist (Roth & Strüber, 2016; Strüber, 2019). Damit traumaintegrative Arbeit also gut gelingen kann, ist es von Bedeutung, dass die Patient*innen jeden Alters sich im Kontakt mit dem*der Behandler*in wahrgenommen, gehalten und sicher fühlen. Nur dann sind die Patient*innen bereit, sich zu öffnen und an ihren Traumata zu arbeiten. Folglich ist es die Aufgabe des*der Behandler*in, diese Wohlfühlatmosphäre zu ermöglichen, indem er*sie eine möglichst authentische, feinfühlige, in sich ruhende und seiner*ihrer Methode vertrauende Haltung einnimmt (Boger, 2022).

2 Praktische Arbeit mit der I.B.T.-Methode

Auf Grundlage der Konsistenztheorie nach Grawe (Grawe, 1998), den Forschungen der Rekonsolidierung und dem Ansatz der stressorbasierten Psychotherapie nach Hensel (Hensel, 2020; Björkstrand et al., 2015; Ecker, Ticic & Hullel, 2018) kann die Wirksamkeit verschiedenster traumaintegrativer Verfahren verstanden und erklärt werden. Da sich belastende Lebenserfahrungen durch eine maladaptive Verarbeitung neurophysiologisch verfestigen (Konsolidierung), befinden sich traumatisierte Menschen auf Grund von subjektiv wahrgenommenen Stressoren in einem andauernden neurophysiologischen Spannungs- und Erregungszustand. Werden die individuellen Stressornetzwerke wiederholt neurophysiologisch aktiviert, kommt es zu einer stärkeren Abspeicherung der belastenden Erinnerungen auf neuronaler Ebene (erneute Konsolidierung). Die neuronale Aktivierung von Selbstheilungskräften der Patient*innen können traumatherapeutisch genutzt werden, um maladaptiv abgespeicherte Erinnerungen im Stressornetzwerk zu transformieren und damit nachhaltig zu verändern (Hensel, 2020). Verschiedene Studien zeigen auf Grundlage dieses Modells eine dauerhafte und neurobiologisch nachweisbare Auflösung negativ empfundener Gefühle (Schiller et al., 2010; Merlo, Milton, Goozee, Theobald & Everitt, 2014).

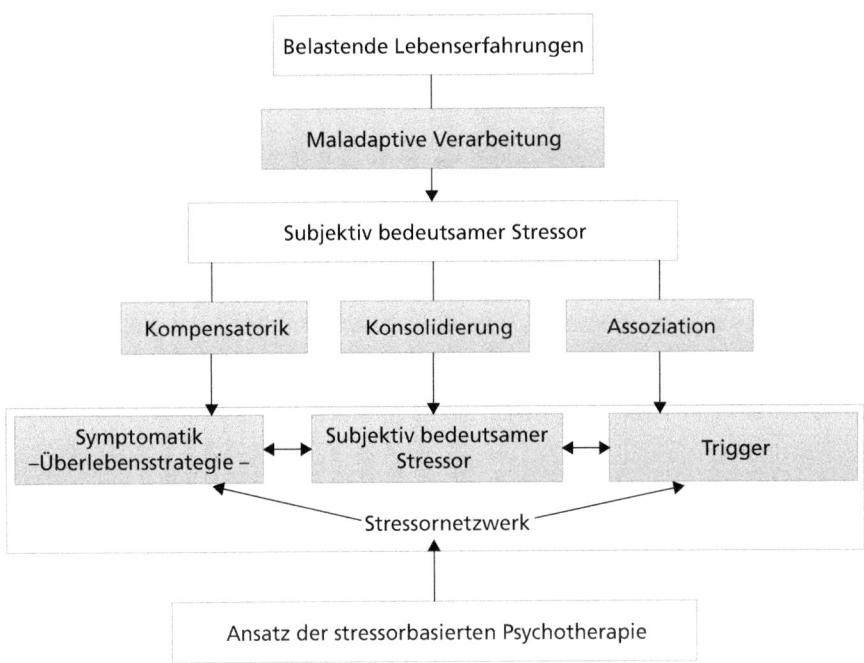

Abb. 2.1: Störungsmodell des stressorbasierten Ansatzes (modifiziert nach Hensel, 2017)

Um belastende Erfahrungen im Nachhinein mit neuen Erfahrungen überschreiben zu können (Rekonsolidierung), müssen diese nach Nadel und Moscovitsch (Nadel & Moscovitsch, 1997) im neuronalen Netzwerk aktiviert und damit in einen fragilen, veränderungsoffenen Zustand versetzt werden. Werden dann gleichzeitig gegenteilig positiv empfundene Erfahrungen (Mismatch-Ressourcen) neuronal und körperlich aktiviert, kommt es zu einer Löschung der konditionierten Angstreaktionen und damit zu einer Rekonsolidierung (Björkstrand et al., 2015). Diese gegenteilig empfundenen positiven Gefühle können auf verschiedenen Ebenen aktiviert werden, sollten von dem*der Patient*in aber immer subjektiv emotional und körperlich positiv und angenehm wahrgenommen werden, damit eine neuronale Aktivierung erfolgen kann. Wichtig ist hier zu betonen, dass nicht die Erinnerungen an das belastende Ereignis selbst gelöscht wird, sondern die emotional belastete Abspeicherung des Ereignisses neutralisiert wird (Hensel, 2020).

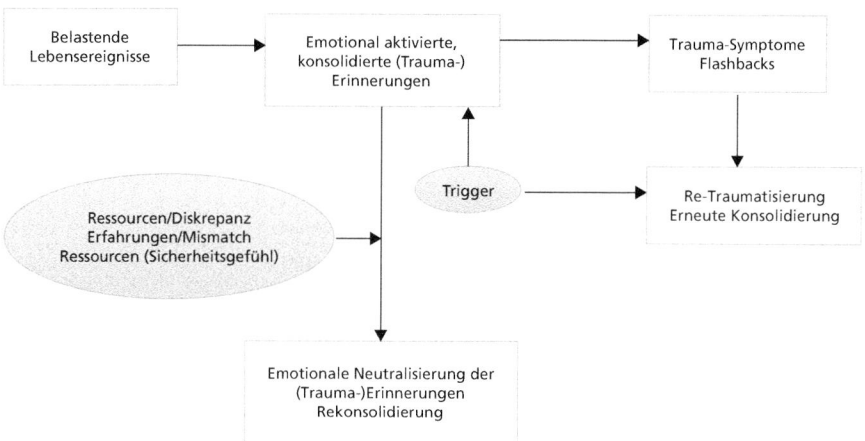

Abb. 2.2: Rekonsolidierungsprozess

Da die Aktivierung unangenehmer, belastender Erinnerungen und Empfindungen allein nicht zu einem Verarbeitungsprozess führt, sondern meist zu einer Verschlechterung der Symptomatik (erneute Konsolidierung), wird dies in der Regel zum Selbstschutz vermieden. Dies trägt allerdings zu einem Aufrechterhalten der traumatischen Abspeicherung bei und verhindert damit einen neurologischen, inneren Verarbeitungsprozess. Im weiteren Prozess entwickeln sich schließlich sekundäre Traumafolgesymptome im Sinne von Überlebensstrategien, die präventiv verhindern sollen, dass eine erneute Aktivierung der belastenden Erfahrungen geschieht. Diese werden dann als eine vielfältige, häufig pathologische Symptomatik im Hier und Jetzt wahrgenommen (Boger, 2022).

Bei der Rekonsolidierung hingegen wird durch die Aktivierung positiver Erfahrungen, Erlebnisse und Ressourcen bei gleichzeitiger Aktivierung der belastenden Erfahrungen ein Überschreiben der alten Erregungsmuster und damit korrigierende Erfahrungen ermöglicht. Damit die positiven Erfahrungen, Erlebnisse und Ressourcen ihre Wirksamkeit und Selbstheilungskraft als Gegengewicht zu den belastenden Erfahrungen auch neurologisch entfalten können, müssen diese mit einem positiven Körpergefühl wahrgenommen werden. Ressourcen, die keine positive Körperresonanz hervorrufen, können nicht als wirksames Gegengewicht zur Überschreibung und damit nicht zur Verarbeitung der belastenden Erfahrungen genutzt werden.

In der traumaintegrativen Arbeit allgemein, aber besonders bei Patient*innen mit vorsprachlichen Traumata, muss darauf geachtet werden, dass die Ressourcen mit einer positiven angenehmen Körperresonanz in Verbindung steht. Während bei den unter 5-Jährigen besonders eine ausreichend sichere Bindung zu den Hauptbezugspersonen und das tragende Erleben, dass die Hauptbezugspersonen das Leid des Kindes würdigen und gemeinsam mit ihm den seelischen und körperlichen Schmerz aushalten, betont wird, kann dies bei Menschen älter als fünf Jahre die tragfähige Beziehung zu den direkten und im Prozess anwesenden Bezugspersonen, dem*der Behandler*in, aber auch zu eigenen sicheren Ressourcen-Anteilen sein (Boger, 2022).

Sollten die direkten Bezugspersonen in den Traumaverarbeitungsprozess miteinbezogen werden, ist, wie bei I.B.T. bei Säuglingen, Kleinkindern und Vorschulkindern, vor der direkten Arbeit mit den Patient*innen eine Arbeit mit den Bezugspersonen notwendig. Es ist wichtig, dass sie in der Lage sind, das Leid des Gegenübers zu würdigen, es nicht zu überdramatisieren oder zu verharmlosen. Des Weiteren sollte es ihnen möglich sein, gemeinsam mit dem Gegenüber dessen seelischen und körperlichen Schmerz während der Traumaintegration auszuhalten. Dies wird in den Phasen 1 und 2 der I.B.T.-Methode erarbeitet (Boger, 2022).

Die emotionale Stabilität der Bezugspersonen in Bezug auf die belastenden Erlebnisse des Gegenübers, die durch die Phase 1 von I.B.T. erreicht werden soll, ist von großer Bedeutung und sollte nicht übersprungen werden. Nur so ist es den Bezugspersonen möglich, authentisch dem Gegenüber zu begegnen und damit als sicherer Ort zu Verfügung zu stehen. Spalten die Bezugspersonen aus Selbstschutz ihre eigenen Belastungen ab oder verleugnen diese, wirken sie nicht mehr authentisch. Dies wird vom Vorbewussten der belasteten Person wahrgenommen und sie wird sich sehr wahrscheinlich in ihren eigenen Bedürfnissen und Belastungen zurücknehmen, um die Bezugsperson vor einer Überforderung und ggf. einer Dekompensierung zu schützen (Parentifizierung). Ebenso kann eine hochemotionale Reaktion der Bezugspersonen dazu führen, dass sich die Betroffenen zurücknehmen, eigene Gefühle abspalten und u. U. beginnen, das Geschehen zu verharmlosen und die Bezugsperson zu trösten. Schlimmstenfalls führt eine hochbelastete Reaktion der Bezugspersonen aber auch bei den Betroffenen zu einer Verschlimmerung der Wahrnehmung der Ereignisse. Neben der eigenen erlebten Belastung kommt es zu einer sekundären Traumatisierung durch die hochbelastete Reaktion der Bezugspersonen. Beidem sollte durch die Vorarbeit mit den Bezugspersonen – sollten diese miteinbezogen werden – vorgebeugt werden. Das heißt, dass auch mit Pflegeeltern, Bezugspersonen aus der Jugendhilfe, wie zum Beispiel Bezugsbetreuer*innen etc., vorab die Phase 1 durchlaufen werden sollte (Boger, 2022).

Besonders bei bindungstraumatisierten Menschen mit frühen Traumata nimmt neben Phase 1 die Phase 2 von I.B.T. einen Schwerpunkt ein. Bevor tiefer in die Verarbeitung früher Traumata eingestiegen werden kann, muss das Hier und Jetzt, die Gegenwart und damit auch die Beziehungen zu sich selbst und, wenn sie miteinbezogen werden, zu den bedeutendsten Bezugspersonen, eine ausreichende

Stabilität aufweisen. Die äußere Sicherheit ist die Voraussetzung für die innere Sicherheit.

Werden Bezugspersonen in den Prozess miteinbezogen, ist damit auch eine ausreichend sichere und stabile Bindungsbeziehung zu den Bezugspersonen gemeint. Ist die Beziehung zu den primären Bezugspersonen zu sehr durch Alltagskonflikte und Streitigkeiten geprägt, sollten diese zuerst bearbeitet werden. In der Regel werden in Phase 1 und 2 mit den Bezugspersonen und danach mit den betroffenen Personen Alltagsbelastungen und Triggersituationen bearbeitet. Ziel ist eine ausreichende Stabilität im Hier und Jetzt, damit tiefer in die frühen Traumata eingetaucht und damit eine Verarbeitung ermöglicht werden kann. Sollte keine ausreichende Stabilität im Hier und Jetzt erreicht werden, empfehle ich eine weitere Stabilisierung und rate von der Bearbeitung der frühen Traumata vorerst ab. Ggf. müssen weitere Unterstützungsmöglichkeiten in der Gegenwart durch Einbeziehung weiterer Bereiche/Institutionen überlegt werden.

Generell sollte in der Phase 1, wie in den Kapiteln 2.2 bis 2.2.3 beschrieben, immer Stabilisierungsübungen sowie eigene innere Ressourcen-Anteile vor einer traumaintegrativen Arbeit installiert werden. Neben der tragfähigen Beziehung zum*zur Behandler*in gelten diese als ein wichtiges Gegengewicht gegenüber den traumaassoziierten Empfindungen (Mismatch-Theorie). Nach Grawes These kommt es nur dann zu einer positiven Verarbeitung, wenn die Patient*innen in der Problemaktualisierung neben negativen oder aversiven Gefühlen und Körperempfindungen gleichzeitig über intensiv erlebbare Ressourcen verfügen (Grawe, 1998).

Da neurobiologisch gesehen emotional belastende (Körper-)Erinnerungen als Grundlage für psychische Erkrankungen und deren Folgesymptomatiken gelten, sollten in Phase 3 diese bei bestehenden sekundären Symptomen primär im therapeutischen Prozess bearbeitet werden (trauma first). Neben Körpersymptomen können dies belastende Bindungsmuster und auch rigide Glaubenssätze und belastende Selbstüberzeugungen sein. Die Kenntnisse der Rekonsolidierung ermöglichen uns nun, die dysfunktionalen Erinnerungen im Nachgang zu transformieren. Während die Inhalte der Erinnerung bestehen bleiben, kann die negative emotionale Bewertung der Erinnerung neutralisiert werden. Damit ist danach eine Erinnerung an die Ereignisse ohne belastende Empfindungen (Gefühle oder Körperwahrnehmungen) möglich (Boger, 2022). Während der traumaintegrativen Arbeit werden folglich Traumaerinnerungen neurobiologisch im limbischen System und Körpergedächtnis aktiviert und damit in einen labilen veränderungsoffenen Zustand versetzt. Erleben die Patient*innen nun gleichzeitig emotional und körperlich entgegengesetzte Ressourcen können die alten belastenden Erinnerungen im Prozess transformiert werden. Diese Ressourcen können das Empfinden von Sicherheit durch die Bezugspersonen und den*der Behandler*in, das Gefühl, gesehen und verstanden zu werden, sowie die eigenen, gleichzeitig aktivierten inneren Ressourcen-Anteile des eigenen Selbstmitgefühls, Nachbeelterns und Tröstens sein.

> **Take Home**
>
> - Mismatch-Ressourcen sind für eine traumaintegrative Behandlung notwendig.
> - Die therapeutische Beziehung zwischen Behandler*in und Patient*in sollte tragfähig sein und der*die Behandler*in von dem*der Patient*in als sicherer Ort erlebt werden.
> - Beim Einbeziehen von Bezugspersonen sollten diese die belastenden Ereignisse der Patient*innen für sich bearbeitet haben (Phase 1).
> - Das Installieren von Stabilisierungsübungen, inneren Ressourcen sowie ggf. eine ausreichend sichere Bindung zu den einzubeziehenden Bezugspersonen sind bedeutend (Phase 2).
> - Das Bearbeiten der traumatischen Erinnerungen inkl. Körpererinnerungen ist vorrangig vor dem Bearbeiten sekundärer Traumafolgesymptome (Phase 3).

2.1 Die drei Phasen von I.B.T. bei Kindern, Jugendlichen und jungen Erwachsenen mit und ohne Einbeziehung der Bezugspersonen

In den folgenden Kapiteln sollen die drei Phasen der I.B.T.-Methode bei Kindern, Jugendlichen und jungen Erwachsenen mit und ohne Einbeziehung von Bezugspersonen näher betrachtet und durch Fallbeispiele veranschaulicht werden. In der praktischen Arbeit hat sich der Aufbau in drei Phasen bewährt, so dass jede in sich seine Berechtigung hat und nicht übersprungen werden sollte. Schwierigkeiten im weiteren Verlauf der Behandlung, besonders in der dritten Phase, zeigen sich meist dann, wenn die entsprechende Vorarbeit in Phase 1 und 2 nicht ausreichend intensiv geleistet worden ist. In diesem Fall wäre eine Rückkehr in die vorherigen Phasen indiziert.

2.2 Phase 1: Befunderhebung und Diagnostik

In einem Erstgespräch wird die Indikation für eine mögliche Traumatherapie mit der I.B.T.-Methode erhoben. Bei Kindern unter fünf Jahren findet dieses Erstgespräch mit den Bezugspersonen allein, bei älteren Kindern, Jugendlichen und jungen Erwachsenen nach Absprache entweder zunächst nur mit den Bezugspersonen, gemeinsam mit den Bezugspersonen oder ohne diese statt. Werden primäre und/oder sekundäre Traumasymptome beschrieben, die anamnestisch nach dem stressorbasierten Erklärungsmodell nach Hensel (Hensel, 2020) auf frühe Traumata zurückzuführen sind und im Hier und Jetzt Belastungen hervorrufen, und es besteht eine intrinsische Motivation und das Einverständnis des*der Patient*in für eine Behandlung, ist eine Indikation für eine Behandlung mit I.B.T. gegeben. Nicht immer zeigen sich die vollständigen Kriterien einer PTBS oder kPTBS nach dem ICD-11 oder DSM-5. Hier ist anzumerken, dass gerade Kinder mit frühen Traumata durch die bestehenden Diagnosesysteme wie ICD-11 und DSM-5 häufig nicht ausreichend erfasst werden. Die American Psychological Association (APA) empfiehlt hier daher die noch nicht offiziell anerkannte Diagnose einer Entwicklungsstörung durch Trauma (Developmental Trauma Disorder, DTD) (Abrams, 2021; Purbeck, 2021; Spinazzola & Briere, 2020. Bei einer Entwicklungsstörung durch Trauma wird die Symptomatik der Kinder nicht als eine »Störung«, sondern als Ausdruck von Überlebensstrategien verstanden, die sich auf Grund der belastenden Umstände ihrer Lebensgeschichte entwickeln mussten (Abrams, 2021). Damit entspricht sie der Auffassung, die hier arbeitshypothetisch zu Grunde gelegt ist. Jede*r Patient*in sollte demnach individuell auf Grund seiner*ihrer Lebensgeschichte gesehen und seine*ihre Symptomatik auf Grundlage dieser verstanden und gelesen werden. Erst mit diesem ganzheitlichen Blick kann er*sie in seinem*ihrem Wesen und Verhalten in seiner*ihrer Sinnhaftigkeit begriffen werden. Benennt der*die Patient*in selbst nun einen Veränderungswunsch, da er*sie unter seiner*ihrer Symptomatik leidet, kann eine Einordnung der Überlebensstrategien in die eigene Lebensbiografie und damit eine Verarbeitung der Ereignisse mit der I.B.T.-Methode ermöglicht werden. Erlebt der*die Patient*in selbst jedoch seine*ihre Symptomatik nicht als belastend oder einschränkend, ist keine Indikation für eine traumaintegrative Arbeit mit I.B.T. gegeben. Die intrinsische Motivation der Patient*innen, die Bereitschaft an ihrer Lebensbiografie zu arbeiten und der Wunsch nach sowie das Wollen von Veränderung ist mit eine der Grundvoraussetzungen für einen gelingenden therapeutischen Prozess. So ist bei jüngeren Kindern, aber auch bei Jugendlichen in der Pubertät diese intrinsische Motivation nicht unbedingt von Beginn an gegeben. Hier besteht anfangs bei den Bezugspersonen und dem Umfeld meist der höhere Leidensdruck, der Anlass für die erste Kontaktaufnahme ist. Bei Kindern und Jugendlichen kann eine tragfähige therapeutische Beziehung, eine gute Psychoedukation, das Aufzeigen von Folgen der gezeigten Verhaltensweisen für sich und die weitere Beziehungsgestaltung und in diesem Rahmen eine Rückgabe der Verantwortung dafür den Aufbau einer intrinsischen Motivation begünstigen. Wichtig ist, dass die Patient*innen nicht von den Bezugspersonen oder dem*der Behandler*in zu einer Behandlung überredet oder gar gezwungen werden. Es sollte ihre eigene Entscheidung bleiben, ob sie sich jetzt mit dem*der Behandler*in auf den Weg machen möchten oder nicht. Es bleibt ihre Entscheidung mit allen entsprechenden Folgen, die ihre Entscheidung mit sich bringt. Die Patient*innen selbst können meist keine Gründe dafür benennen, außer dass sie emotional und körperlich spüren, dass sie sich nicht auf einen therapeutischen Prozess einlassen können und wollen. Dies ist von allen am Prozess beteiligten Personen zu akzeptieren.

Bei ausbleibendem Auftrag von Seiten der Patient*innen kann das Umfeld im Umgang mit den jungen Menschen beraten und ggf. der Abbau eines sekundären Krankheitsgewinns durch die Bezugspersonen besprochen werden. Auch ein noch bestehendes Akuttrauma durch alte und/oder neue Täter*innen kann dazu führen, dass Patient*innen sich (noch) nicht auf eine Behandlung einlassen können. Die äußere Sicherheit ist die Voraussetzung für die innere Sicherheit. In der Praxis wird immer wieder erlebt, dass Bezugspersonen das Fehlen der äußeren Sicherheit nicht (ausreichend) bewusst ist. So kann eine innere Kündigung durch die Bezugspersonen auch oder gerade, wenn dies den Patient*innen nicht offensichtlich bekannt ist, zu einer fehlenden äußeren Sicherheit führen. Der Erhalt und das Erleben von korrigierenden Beziehungserfahrungen im Sinne einer traumapädagogischen Haltung der Bezugspersonen und des Umfeldes kann die Voraussetzung für eine spätere traumaintegrative Behandlung bieten und die Zeit überbrücken, bis die jungen Menschen unter Umständen zu einem späteren Zeitpunkt bereit sind, dem*der Behandler*in einen Behandlungsauftrag zu geben.

Take Home

- Nur bei bestehender Indikation (stressorbasiertes Verständnis) sowie einer intrinsischen Motivation der Patient*innen ist eine Behandlung mit I.B.T. möglich.
- Besteht der Leidensdruck primär bei den Bezugspersonen, können diese traumapädagogisch beraten werden, um ggf. sekundäre Krankheitsgewinne abzubauen.
- Die äußere Sicherheit ist die Voraussetzung für die innere Sicherheit. Aus diesem Grund sollte immer geprüft werden, ob eine ausreichende äußere Sicherheit für die Patient*innen gegeben ist.

2.2.1 Phase 1: Erhebung der Anamnese

Die Verhaltensweisen der Patient*innen sollen auf Grund ihrer Lebensgeschichte verstanden werden. Daher sollen in diesem ersten Behandlungsabschnitt mit den Patient*innen und ggf. bei jüngeren Kindern mit den Bezugspersonen zu Beginn auf der Faktenebene, möglichst ohne zu große emotionale Aktivierung, anamnestische Informationen über die belastenden Lebensereignisse sowie Ressourcen der Patient*innen erhoben werden. Hier hat sich besonders die Trauma-Ressourcen-Landkarte bewährt, um einer starken emotionalen Aktivierung von belastenden Traumaerinnerungen entgegenzuwirken und damit eine Retraumatisierung zu vermeiden. Je nach Entwicklungsalter der Patient*innen kann dies mit ihnen gemeinsam oder auch allein mit den Bezugspersonen ggf. unter Einbezug von Hilfeplänen und Vorberichten geschehen. Die Datenerhebung sollte, soweit möglich, bereits vor der Zeugung der Patient*innen beginnen. Es sollte erfragt werden, in welchen Lebensumständen sich die Eltern befunden haben, bevor die Patient*innen gezeugt wurden. Es ist von Bedeutung, ob es vor der Schwangerschaft mit den Patient*innen Tot- oder Fehlgeburten oder ähnlich belastende Lebensereignisse gegeben hat. Es ist ein Unterschied, ob die Eltern entspannt in die Schwangerschaft mit den Patient*innen gestartet sind, oder ob die erste Zeit von Verlust oder Zukunftsängsten geprägt war. Ob die Patient*innen ein erwartetes oder unerwartetes Kind gewesen sind. Auch die Umstände der Zeugung spielen eine Rolle (natürliche Zeugung, künstliche Befruchtung, Vergewaltigung etc.). Des Weiteren wird nach besonderen Umständen während der Schwangerschaft gefragt: Kam es zu besonderen emotionalen Umständen der werdenden Mutter oder gab es maligne äußere Einflüsse wie Umwelteinflüsse, Zwillingstod, intrauterine Untersuchungen oder Operationen etc. Hier interessieren besonders Ereignisse im zweiten und dritten Schwangerschaftsdrittel, die entweder einmalig und besonders negativ prägend oder anhaltend belastend von der Mutter erlebt worden sind. Mit dem Wissen, dass sich sämtliche emotionale Zustände der Mutter über die Veränderung des Herzschlags, der Herzvariabilität, der Qualität der Sauerstoffzufuhr, als auch hormonell auf die neurologische und körperliche Entwicklung des Kindes auswirken, sollten diese Details im Rahmen der Anamnese ausführlich erfragt werden (Boger, 2022). Bezüglich der Geburt sollten die genauen Umstände und Abläufe erfragt werden: Handelte es sich um eine spontane oder eingeleitete Geburt, erfolgte sie natürlich oder über Kaiserschnitt, gab es Komplikationen während oder kurz nach der Geburt und wie war die Medikamentengabe etc. Auch hier spielt das subjektive Erleben der Bezugspersonen, als auch die Hypothese, wie das Kind die Geburt erlebt haben könnte, weiterhin eine bedeutende Rolle. Nach der Exploration der Geburt werden die Umstände der ersten zwei Lebensjahre detailliert erhoben, da diese eine besondere Bedeutung für die Entwicklung der Patient*innen haben. Hier sollte ein Augenmerk auf die Feinfühligkeit der Bezugspersonen gerichtet werden: Wie waren die Bezugspersonen damals (vermutlich) in der Lage, situations- und altersadäquat auf die Bedürfnisse des Kindes einzugehen etc. Es ist bedeutend, inwiefern das Kind gespiegelt, co-reguliert und in seinem Erleben der Selbstwirksamkeit gestärkt wurde. Die Feinfühligkeit der Bezugspersonen kann durch besondere Umstände wie eine postnatale Depression, Ängste, Unsicherheiten, Scham- und Schuldgefühle oder auch einen Aufenthalt auf der Neonatologie beeinträchtigt worden sein. Die darauffolgenden Jahre bis zum aktuellen Alter der Patient*innen werden zum einen auf weitere emotionale besondere Ereignisse als auch mit dem stressorbasierten Blick gesehen. Gab es weitere einschneidende oder auch kumulierende Ereignisse, die die Entwicklung besonderer Überlebensstrategien/Symptome erforderten, und/oder sind sekundäre Traumafolgesymptomatiken erkennbar. Auch aktuelle Beschwerden/Symptomatiken, aber auch Ressourcen und Resilienzfaktoren werden mit dem diagnostischen Blick erhoben und in der Lebensgeschichte eingeordnet (Erstauftreten, weitere Entwicklung bis heute, bisherige Lösungsversuche, eigene Erklärungsmodelle etc.). Die belastenden Ereignisse sollten in dieser Phase der Behandlung nur kurz in Überschriften benannt und nicht näher erläutert werden, um eine zu starke Aktivierung von Stressoren entgegenzuwirken. Die Intensität der jeweiligen belastenden Ereignisse im Jetzt wird auf der senkrechten Skalierung eingeordnet. Sind die Ereignisse heute noch belastend, obwohl sie abgeschlossen sind, kann von einer Aktivierung im limbischen System und damit von einer Nicht-Verarbeitung dieser Erfahrungen ausgegangen werden. Waren die Ereignisse damals schwierig und sind heute glaubhaft nicht oder nur gering belastend, scheinen sie auf Grund einer Nicht-Aktivierung im limbischen System verarbeitet zu sein. Eine (Teil-)Dissoziation oder Abspalten der Belastungen sollte von den Behandler*innen noch als mögliche Option in Betracht gezogen werden. Auch in diesem Fall würden die Betroffenen keine Belastung benennen. In der Gegenübertragung empfinden jedoch häufig die Behandler*innen ein ungutes Empfinden oder es kommen unerklärliche Zweifel an der genannten nicht vorhandenen Belastung auf. Dies sollte wahrgenommen und im weiteren Verlauf beobachtet werden. In der Pendelbewegung wird nach jeder Belastungs-Skalierung *direkt* gefragt, was damals geholfen hat, die Belastung gut zu bewältigen, welche Ressourcen damals zur Verfügung standen und wie positiv sie jetzt im Heute noch bewertet werden. Neben funktionalen (hilfreiche Bezugspersonen, die innere Stärke etc.) werden auch dysfunktionale Bewältigungsstrategien (Alkohol, Gewalt etc.) gewürdigt und bzgl. der Intensität im Jetzt einskaliert. Lücken in den Biografien, zum Beispiel durch Dissoziation, können auf diese Art und Weise ebenfalls erkennbar werden. Diese Methode ermöglicht den Patient*innen aber auch, belastende Momente rein durch ein Symbol zu benennen, ohne zu diesem Zeitpunkt konkret werden zu müssen. Damit können sich die Behandler*innen ein ganzheitliches Bild über die Lebensgeschichte der Patient*innen erstellen. Bei der gesamten Anamneseerhebung sollte die Lebensgeschichte der Patient*innen aus deren Augen gesehen und verstanden werden. Berichten die Patient*innen selbst die Ereignisse, sollte auf besondere Formulierungen, Begrifflichkeiten und Körperreaktionen während des Erzählens geachtet werden. Diese werden in Phase 3 erneut aufgegriffen und in die Traumageschichte eingearbeitet. Nach dem Erheben der Lebensgeschichte und der aktuellen Symptomatik wird der*die Patient*in und deren Bezugspersonen psychoedukativ ein gemeinsames Störungsmodell unter dem stressorbasierten Blick erläutert. Auf diesem basierend wird das weitere Vorgehen mit der I.B.T.-Methode erklärt und besprochen.

> **Take Home**
>
> - Die Trauma-Ressourcen-Landkarte ermöglicht eine traumasensible Anamnese-Erhebung.
> - Die Anamnese sollte bereits vor der Zeugung der Patient*in beginnen.
> - Schon bei der Anamnese-Erhebung sollte auf besondere Formulierungen und Körperresonanzen der Patient*innen geachtet werden.

Abb. 2.3: Trauma-Ressourcen-Landkarte

2.2.2 Phase 1: Miteinbezug von Eltern

Sollen auf Wunsch der Patient*innen und/oder auf Grund des jungen Alters des*der Patient*in Bezugspersonen in das weitere Vorgehen miteinbezogen werden, werden weitere Einzelsitzungen mit diesen vereinbart, um die Ereignisse aus deren höchsteigenen Sicht mit der I.B.T.-Methode zu betrachten (Boger, 2022). Dieser Schritt ist wichtig, damit die Bezugspersonen in Phase 3 dem*der Patient*in die Traumageschichte möglichst feinfühlig berichten können, ohne von ihren eigenen Gefühlen geflutet zu werden und ohne zu vermeiden. Dies ist die Voraussetzung um als sicherer Ort und damit als Mismatch-Ressource wahrgenommen werden zu können. Kann die Bezugsperson im weiteren Verlauf ohne größere Belastung über die Ereignisse des Kindes sprechen, beugt dies zudem einer Interaktionsstörung und einer sekundären Traumatisierung des Kindes vor. Das Kind hat so die Möglichkeit die Bezugsperson als in sich ruhende, Halt gebende Person zu erleben, die sich möglichst empathisch und feinfühlig in die Sichtweise des Kindes und dessen Wahrnehmung in Bezug auf die Ereignisse hineinversetzen kann. Wäre die Bezugsperson weiterhin in ihrer eigenen Belastung verhaftet, besteht die Gefahr, dass die Bezugsperson zu sehr bei sich und ihren eigenen Belastungen bleibt und diese unter Umständen nicht kongruent mit der Wahrnehmung des Kindes übereinstimmt. In diesem Fall kann es dann in Reaktion zu einer Interaktionsstörung zwischen Bezugsperson und Kind kommen, die bei Wiederholung eine sekundäre Traumatisierung des Kindes, schlimmstenfalls eine Bindungsstörung begünstigen würde. Der Vorteil des Einbezugs der Bezugsperson liegt auch darin, dass die Bezugsperson am eigenen Körper selbst erfahren kann, wie die später an ihrem Kind angewandte Methode wirkt. Dieses Vorgehen erhöht das Vertrauen in die Methode und in den*die Therapeut*in und gibt den Bezugspersonen das Gefühl der eigenen Kontrolle über das Geschehen und auch den strukturellen Ablauf der Therapie zurück. Werden die Bezugspersonen in dieser Phase bereits zu Beginn als sehr belastet erlebt, hat sich die Installation von verschiedenen Stabilisierungsübungen (▶ Kap. 1.8) bewährt.

In der Arbeit mit den Bezugspersonen mit der I.B.T.-Methode werden diese gebeten, die Ereignisse des Kindes aus ihrer eigenen Wahrnehmung heraus im bifokalen Fokus zu berichten. Beginnend an einem Punkt, an dem aus ihrer Sicht noch alles »in Ordnung« war, und endend an einem Punkt, an dem wieder »alles ok« bzw. im heutigen Hier und Jetzt mit den aktuellen Ressourcen im Kontakt war. Der bifokale Fokus beinhaltet, dass die Bezugspersonen einerseits mit den (belastenden) Ereignissen emotional im Kontakt stehen und gleichzeitig sich im Hier und Jetzt im Kontakt mit dem*der Behandler*in befinden. Um dies den Bezugspersonen zu erleichtern, hat sich die Metapher, sich die Geschichte wie in einem Film erneut anzuschauen, als hilfreich erwiesen. Während dieses Prozesses ist es die Aufgabe des*der Behandler*in darauf zu achten, dass die Bezugspersonen nicht emotional vermeiden und die Geschichte *zu schnell* oder *zu oberflächlich* berichten, aber auch gleichzeitig nicht so tief abtauchen, dass sie dabei von negativen Gefühlen, Gedanken oder Körperempfindungen geflutet werden. Erspüren die Bezugspersonen während des Erzählens bei sich selbst eine eigene innere Belastung von etwa der Stufe 4 (auf einer Skala mit 0 = keine Belastung, 10 = max. Belastung), wird an dieser Stelle ein Standbild errichtet und diese Situation traumaintegrativ unter bilateraler Stimulierung im bifokalen Modus bearbeitet. Auf diese Art und Weise wird jedes einzelne Standbild so lange prozessiert, bis keine oder nur eine geringe Belastung im Hier und Jetzt auftaucht. Der Start- und Endpunkt der Geschichte wird von den Bezugspersonen selbst festgelegt. Beim Erzählen ist es bedeutend, darauf zu achten, dass die Bezugspersonen im bifokalen Fokus bleiben und nicht durch zu schnelles Erzählen in eine Vermeidung geraten, sich aber auch nicht durch zu detailliertes Berichten verlieren und unter Umständen von den eigenen Gefühlen überflutet werden. Sollte durch eine zu starke Aktivierung der belastenden Erinnerungen sogenannte Affektbrücken auftauchen, sollten diese thematisiert und die Bezugspersonen angeleitet werden, diese mit der bereits beschriebenen Tresorübung »wegzupacken«. Affektbrücken sind Erinnerungen aus der eigenen Lebensgeschichte, die durch aktivierte Belastungsgefühle aktiviert werden und so als eine Art Pop-up-Fenster ins Bewusstsein gelangen können (Boger, 2022).

Bifokal

Um einen optimalen Verarbeitungsprozess zu erreichen, sollte der Patient zu 50 % mit seinen Belastungen emotional und körperlich im Kontakt sein, sowie gleichzeitig sich zu 50 % in der Gegenwart befinden. Durch die gleichzeitige Aktivierung von Belastungen der Vergangenheit und der sicheren Gegenwart im beschriebenen positiven Kontakt zum*zur Behandler*in im emotionalen und realen Erleben können im Sinne der Rekonsolidierung die alten belastenden Erinnerungen überschrieben und damit ein Integrationsprozess ermöglicht werden. Es ist die Aufgabe des*der Behandler*in darauf zu achten, dass die Patient*innen in diesem bifokalen Zustand gehalten werden. Sollte die Belastung zu groß werden, sollte die sichere Gegenwart durch das Aktivieren von Ressourcen stärker aktiviert werden. Kommt keine ausreichende Aktivierung der Belastungen zustande, sollten diese durch eine verstärkte Aktivierung von damaligen Sinneseindrücken verstärkt werden.

Bilaterale Stimulierung

Bei der bilateralen Stimulierung handelt es sich um eine Unterstützung der neurologischen Selbstheilungskräfte während des Integrationsprozesses, der in seiner Wirksamkeit in der Eye Movement Desensitization & Reprocessing (EMDR)-Forschung ausreichend belegt ist. Hierbei wird der*die Patient*in von dem*der Behandler*in angeleitet, durch wechselnde Rechts-links-Augenbewegungen oder auch durch taktile oder auditive rechts-links wechselnde Reize in eine Beobachter*innenposition zu kommen, während er*sie sich im beschriebenen bifokalen Fokus befindet. Während dieses Prozesses soll die blockierte Informationsverarbeitung der fragmentierten Traumaerinnerungen wieder ermöglicht werden. Die belastenden Erinnerungen werden hierbei aus dem impliziten Gedächtnis mit dem expliziten Gedächtnis verknüpft und damit auf eine neue Weise abgespeichert, die im Hier und Jetzt möglichst keine emotionale Belastung mehr aufweist. Auch kann es während des Prozesses zu kognitiven Neubewertungen kommen.

Dieser Prozess gilt als abgeschlossen, wenn es den Bezugspersonen gelingt, das Ereignis als Ganzes mit einer geringen bzw. gar keiner Belastung zu erleben. Damit wäre die Voraussetzung für ein weiteres Arbeiten mit den nächsten Phasen gegeben.

Sollte bei den Bezugspersonen während ihres eigenen Prozesses die Frage der Schuld auftauchen, benötigen sie Entlastung. Viele Bezugspersonen fühlen sich für das traumatische Erleben ihrer Kinder verantwortlich und geben sich selbst die Schuld dafür. Sie werfen sich vor, dass sie das Geschehene hätten verhindern können, wenn sie anders gehandelt hätten. Über die eigene Schuldübernahme entsteht der Versuch, wieder Kontrolle über die unkontrollierbaren Ereignisse zurückzuerlangen. Hier ist es bedeutend, zum einen durch die äußeren Strukturen in der Arbeit mit I.B.T. und der Methode selbst den Bezugspersonen das größtmögliche Gefühl von eigener Kontrolle zu ermöglichen, und zum anderen gemeinsam mit ihnen herauszufinden, inwiefern sie zum damaligen Zeitpunkt die Folgen absehen konnten oder nicht. Sehr häufig sahen sich die Bezugspersonen zum Zeitpunkt des Ereignisses mit dem damaligen Wissen und den damaligen Fähigkeiten nicht in der Lage, anders zu handeln bzw. handelten aus bestem Wissen und Gewissen. Erst im Nachhinein machen sich die Bezugspersonen Vorwürfe, so und nicht anders gehandelt zu haben. Es ist von Bedeutung, mit den Bezugspersonen gedanklich zu dem Zeitpunkt des Geschehens zurückzugehen und aus der Sicht und mit dem Wissen von damals die Dinge zu betrachten. Sollte tatsächlich ein Fehlverhalten der Bezugspersonen stattgefunden haben, ist die weitere Frage, ob es vorsätzlich oder unbeabsichtigt geschehen ist, und was nötig ist, um sich selbst verzeihen zu können, wie eine Form von Wiedergutmachung aussehen könnte oder wie eine Wiederholung vermieden werden kann (Boger, 2022).

> **Take Home**
>
> - Vorab sollten die traumatischen Ereignisse des Kindes mit den Bezugspersonen aus deren höchsteigenen Sicht mit der I.B.T.-Methode betrachtet werden, um später vom Kind als sicherer Ort wahrgenommen werden zu können und um einer sekundären Traumatisierung des Kindes durch die Bezugspersonen vorzubeugen.
> - Die Bezugspersonen brauchen das größtmögliche Gefühl von Sicherheit und Kontrolle im therapeutischen Prozess, um einen eigenen Verarbeitungsprozess durchlaufen zu können.

2.2.3 Phase 1: Miteinbezug von Pflegeeltern und Bezugsbetreuer*innen

Handelt es sich bei den Bezugspersonen nicht um die Eltern, sondern um Pflegeeltern und/oder Bezugsbetreuer*innen ist ein gepasstes Vorgehen notwendig. Sollten die Pflegeeltern oder Bezugsbetreuer*innen über die Anamneseerhebung hinaus in die integrative Arbeit miteinbezogen werden, sollte vorab geklärt werden, inwiefern die Beziehung auch zeitlich nach der Arbeit bestehen bleiben kann. Ist ein Beziehungsabbruch auf Grund von Kündigung, geplantem Wohngruppen- oder Pflegeelternwechsel, Schwangerschaft der Bezugsbetreuerin etc. bereits bekannt, sollten diese Bezugspersonen nicht intensiver in den therapeutischen Prozess miteinbezogen werden. Auch eine nicht offen ausgesprochene innere Kündigung durch die Bezugspersonen sollte erfragt werden, da diese, gerade wenn sie nicht offen thematisiert worden ist, durch das Vorbewusste der Patient*innen in der Regel dennoch wahrgenommen wird und zu einer tiefen Verunsicherung dieser führt. Die Arbeit mit der I.B.T.-Methode ist sehr bindungsfördernd. Ist nun der Beziehungsabbruch bereits vorprogrammiert, besteht die Gefahr einer erneuten Traumatisierung. Dieser soll und kann vorgebeugt werden, etwa indem alternative, bestehenbleibende Bezugspersonen gesucht werden oder ggf. mit dem*der Patient*in allein gearbeitet wird. Unter diesen Umständen würde sich die Einbeziehung der Bezugspersonen auf die Anamneseerhebung und äußere Begleitung des Prozesses selbst beschränken. Handelt es sich um bleibende Bezugspersonen mit einer ausreichend guten und tragfähigen Bindung zum*zur Patient*in, können diese intensiver in den Prozess miteinbezogen werden. Die Anamneseerhebung erfolgt wie bereits im vorangegangenen Kapitel beschrieben. Gibt es Informationslücken, sollen weitere behördliche Stellen wie zum Beispiel das Jugendamt oder der Pflegekinderdienst zur möglichst detaillierten Informationserhebung miteinbezogen werden. Informationslücken sollten erkannt, jedoch nicht durch Mutmaßungen oder Fantasien gefüllt werden. Es ist sehr hilfreich, Informationen wie zum Beispiel den Grund einer Inobhutnahme oder das Verhalten des Kindes in der

Bereitschaftspflegefamilie möglichst detailliert zu erfahren, um sich anhand dieser Informationen eine Arbeitshypothese für die Symptomatik des Kindes zu erarbeiten. Es ist bedeutend, in dieser Hypothese eine Idee zu bekommen, welchen guten Grund es geben könnte, dass dieses Kind die vorhandene Symptomatik als Überlebensstrategie entwickeln musste, und welche Glaubenssätze im Blick auf die Welt und sich selbst dadurch geprägt worden sind.

Ist die Anamneseerhebung abgeschlossen, sollte mit den Pflegeeltern und Bezugsbetreuer*innen angelehnt an den Prozess mit den leiblichen Eltern primär gearbeitet werden.

Im ersten Prozess mit den Pflegeeltern/Bezugsbetreuer*innen geht es um deren *eigene* Geschichte mit dem betroffenen Kind. Auch hier sollte die Geschichte in einem bifokalen Fokus berichtet werden, beginnend in einem guten Moment und endend im Hier und Jetzt. Jedes Belastungsmoment des Filmes soll mit bilateraler Stimulierung in seiner Verarbeitung unterstützt werden bis zu dem Moment, an dem wieder ein guter Moment möglichst im Hier und Jetzt erreicht wurde. Auch hier sollte auf eine ausreichende Aktivierung und auf mögliche Affektbrücken geachtet werden. Bei auftretenden Affektbrücken werden diese benannt und mit der Tresorübung zur Seite gestellt. Treten die Affektbrücken erneut auf, wird nochmals die Tresorübung durchgeführt und die gesamte Sitzung mit einer sicheren Ort- oder Wohlfühlort-Übung beendet. Da sich in diesen Fällen die eigene Geschichte der Bezugspersonen mit der Geschichte des Kindes zu vermischen zu scheint, ist hier den Bezugspersonen eine primäre eigene Therapie zu empfehlen. Es ist wichtig, dass die Geschichte des Kindes von der eigenen Geschichte getrennt erlebt werden kann. Bei einer Vermischung besteht die Gefahr einer sekundären Traumatisierung des Kindes durch das Zuschreiben eigener Themen auf das Kind. Hier wäre dann eine alternative Bezugsperson notwendig oder der*die Behandler*in arbeitet mit dem Kind allein.

Im zweiten Prozess berichtet der*die Behandler*in den Pflegeeltern bzw. Bezugsbetreuer*innen die Geschichte des Kindes aus der Perspektive des Kindes. Auch hier soll die Geschichte an einem Punkt beginnen, an dem für das Kind vermutlich noch *alles in Ordnung* gewesen ist. Weiter soll die Geschichte chronologisch sämtliche bekannten Belastungsmomente des Kindes auf verschiedensten Sinnesebenen aus der angenommenen Sichtweise des Kindes berichtet werden – ggf. kann dieser Prozess mit Fotos des Kindes im jeweiligen Alter gestützt werden. Ziel dieses Prozesses ist zum einen, die Empathiefähigkeit der Pflegeeltern/Bezugsbetreuer*innen zu fördern, indem sie die Geschichte aus der Sicht des Kindes hören und damit einen Perspektivenwechsel vollziehen müssen. Zum anderen hat es einen psychoedukativen Aspekt, da die Pflegeeltern/Bezugsbetreuer*innen verstehen sollen, was das Kind vermutlich bisher erlebt hat und wie, welchen guten Grund die Symptomatik des Kindes hat und welche Überlebensstrategien das Kind daher gezwungenermaßen entwickeln musste. Während der Geschichte sollen die Pflegeeltern/Bezugsbetreuer*innen in sich hineinfühlen, ob sie bei sich eine negative emotionale und/oder körperliche Reaktion wahrnehmen, ob sie einen Moment des Mitleidens statt des Mitfühlens erleben. Ist dies der Fall, sollen diese Momente ebenfalls mit der bilateralen Stimulierung bearbeitet werden bis die Pflegeeltern/Bezugsbetreuer*innen sich die Geschichte des Kindes anhören können, ohne eine größere Belastung zu empfinden oder mitzuleiden. Erst dann ist es ihnen möglich, sich reflektiert statt reflexhaft zu verhalten, verlässlich für das Kind da zu sein sowie dem Kind situations- und altersangemessene Leitplanken zu setzen. Unter *Leitplanken* soll ein begrenzender Rahmen in Form von Grenzen verstanden werden, der durch die Bezugspersonen gesetzt wird und damit Orientierung und Sicherheit gibt.

Gibt es Informationslücken, sollen diese nicht mit Fantasien gefüllt und als gesichert dargestellt werden, sondern durch eine Arbeitshypothese im Konjunktiv als eine Möglichkeit den Pflegeeltern und Bezugsbetreuer*innen zur Verfügung gestellt werden, um das Verständnis für das Kind zu erhöhen. Die Arbeitshypothesen sollten unbedingt auch als solche benannt und alternative Möglichkeiten in Betracht gezogen werden. Ein wildes Spekulieren über Möglichkeiten ist weder sinnhaft noch zielführend.

Diese erste Phase ist dann abgeschlossen, wenn die Bezugspersonen differenziert über die Ereignisse des Kindes aus dessen Perspektive sprechen können, ohne selbst bewusst oder vorbewusst emotional geflutet zu werden oder zu vermeiden.

> **Take Home**
>
> - Eine Einbeziehung von Pflegeeltern/Bezugsbetreuer*innen etc. ist nur möglich, wenn die Beziehung zum*zur Patient*in ausreichend tragfähig ist und auch nach der Behandlung bestehen bleibt.
> - Eine möglichst detaillierte Anamneseerhebung ist hilfreich; Lücken in der Anamnese des*der Patient*in dürfen nicht mit Mutmaßungen oder Fantasien gefüllt werden.
> - Phase 1 ist abgeschlossen, wenn die Bezugspersonen differenziert über die Ereignisse des Kindes aus dessen Perspektive sprechen können, ohne selbst bewusst oder vorbewusst emotional geflutet zu werden oder zu vermeiden.

2.3 Phase 2: Innerer Ressourcenaufbau

Die Installation von Ressourcen in der Arbeit mit frühen Traumata hat eine große Bedeutung. Während bei jüngeren Kindern die Bezugspersonen und deren ausreichend gute Bindung an sie als Hauptressource gesehen werden kann, gewinnt mit zunehmendem Alter die Installation von eigenen inneren Ressourcen, ggf. repräsentiert in Form von Übergangsobjekten wie Kuscheltieren, an Bedeutung. Das heißt also, je älter die Patient*innen sind, umso mehr sollte auf die Installation von Ressourcen im Inneren unabhängig von einer Einbeziehung von Bezugspersonen geachtet werden. Dies können eigene hochfunktionale innere Anteile, häufig repräsentiert durch das heutige Alltags-Ich, oder auch innere Ressourcen-

Anteile mit besonderen Fähigkeiten und Stärken, zum Beispiel vertreten durch ein inneres Kraft-Tier, sein.

Die dahinterstehende Hypothese beruht auf der Vorstellung, dass die Persönlichkeit eines Menschen aus verschiedenen einzelnen Anteilen besteht (▶ Kap. 1.9).

2.3.1 Phase 2: Installieren von inneren Ressourcen

Bei der Installation von inneren Ressourcen sollte der*die Behandler*in sich vorab Gedanken machen, welche Gefühlszustände, Fähigkeiten die inneren Ressourcen repräsentieren sollen. Hierbei sollte es sich möglichst um die sogenannten Mismatch-Ressourcen handeln, also den gegenteiligen Empfindungen des Traumaerlebens, um einen Verarbeitungsprozess im weiteren Verlauf zu ermöglichen. Diese Ressourceninhalte sollten den Patient*innen angeboten werden. Gegebenenfalls kann nun an bestehende Ressourcen angeknüpft werden, zum Beispiel an dem heutigen Ich, das sein Leben gut meistern kann, oder auch an bisherige Fähigkeiten und Stärken, die durch ein Bild symbolisiert und damit externalisiert werden. Es können aber auch neue Ressourcen installiert werden. Dabei ist es günstig, die Ressourcen über Externalisierung zu verbildlichen und diese dann mit den überlegten Mismatch-Ressourcen auszustatten. Die Behandler*innen sollten sich dabei immer bewusst sein, dass die Ressourcen nur dann ihre Kraft entfalten, wenn sie von den Patient*innen auch körperlich und emotional wahrgenommen und gespürt werden können. Dies bedeutet aber auch, dass wir nur Ressourcen installieren können, die von den Patient*innen im Laufe ihres Lebens auch bereits einmal erlebt und damit körperlich abgespeichert worden sind. Positive Empfindungen, die noch nie im Leben gespürt und erlebt worden sind, können auch nicht neu als Ressourcen installiert werden, da sich keine äquivalente Resonanz dazu im Körpergedächtnis finden wird. Konkret bedeutet dies, dass der*die Behandler*in bei der Installation von Ressourcen auf eine positive Körperresonanz bei den Patient*innen achten sollte. Ist diese nicht wahrnehmbar, sollte er*sie nach weiteren Ressourcen suchen und diese den Patient*innen anbieten, bis eine positive Körperresonanz erkennbar ist. Auch das Bestehen von möglichen kontrollierenden Anteilen, die ein Erleben oder eine Installation von Ressourcen verhindern möchten, sollte in Betracht gezogen werden. Gerade bei sehr früh deprivierten Menschen kann es ein inneres Verbot geben, sich wohlzufühlen oder sich etwas Gutes zu tun. Sollte dieser Verdacht von kontrollierenden Anteilen bestehen, sollten diese vorsichtig von dem*der Behandler*in exploriert werden. Da die kontrollierenden Anteile meist selbst noch in den alten Ängsten von damals verhaftet sind, ist auch hier ein Sicherheit gebendes, klares und authentisches Vorgehen des*der Behandler*in notwendig. Er*Sie sollte sich nicht von den kontrollierenden Anteilen einschüchtern und abhalten lassen, den Patient*innen weiterhin Beziehungsangebote zu machen. Erst wenn der Grund für bzw. die Funktion der kontrollierenden Anteile verstanden wurde, kann auch hier ein innerer Dialog oder ein direktes Sprechen zu den kontrollierenden Anteilen und damit eine Transformation dieser ermöglicht werden. Manchmal können aus erstmals kontrollierenden Anteilen auch Ressourcen-Anteile entstehen, da sie sich in ihrem Ursprung und in ihrer Motivation entwickelt haben, um zu helfen und das innere System zu schützen.

Bei sehr früh deprivierten Menschen kann es auch notwendig sein, zuerst im Hier und Jetzt angenehme, positive Situationen erlebbar zu machen, damit positive Empfindungen erstmalig erlebt werden. Diese sollten dann von außen durch bewusste Wahrnehmungslenkung auf die Ressource und die entsprechende Körperresonanz »markiert« werden. Hierzu ist es günstig, im Hier und Jetzt mit den Patient*innen Situationen zu schaffen, in denen sie positive Gefühle gekoppelt mit Körperempfindungen erleben. Sind diese von außen wahrnehmbar, sollten sie situations- und altersadäquat den Patient*innen gespiegelt, möglichst benannt und damit markiert werden (▶ Kap. 1.6). Finden diese Situationen außerhalb der Therapiesitzung statt, sollten Bezugspersonen miteinbezogen werden, um diese Markierung zu übernehmen. Je nach Vorerfahrungen der Patient*innen kann diese Phase sehr lange andauern. Ziel ist es, die sehr früh deprivierten Menschen mit ihren Gefühlen und Körperwahrnehmungen sehr vorsichtig in Kontakt zu bringen. Es sollte uns bewusst sein, dass diese Wahrnehmung für diese Menschen häufig mit großen Ängsten und Unsicherheiten verbunden ist. Um zu überleben, mussten sie Gefühle und Körperwahrnehmungen abspalten. Damit können Empfindungen jeder Art als sehr negativ und angstbesetzt verknüpft sein. Da wir nicht nur angenehme Empfindungen erlebbar machen können, sondern meist parallel auch unangenehme Empfindungen mit zum Vorschein kommen können, sollte hier sehr behutsam vorgegangen werden. Aufkommende negative Gefühle sollten möglichst frühzeitig bemerkt und feinfühlig co-reguliert werden. Gute Strategien zur körperlichen Co-Regulation ist neben dem Validieren von Gefühlen auch jede Form von bilateraler Stimulierung in Form von leichtem Rechts-links-Klopfen, aber auch zügiges Gehen, gemeinsames Trommeln oder auch Trampolin Hüpfen. Weitere Strategien wurden bereits in Kapitel 1.7 erläutert. Sollte dies nicht ausreichen, kann von den beschriebenen kontrollierenden Anteilen ausgegangen werden und ein angepasstes Vorgehen ist notwendig.

Take Home

- Innere Ressourcen-Anteile müssen passgenau und individuell für jede*n Patient*in entwickelt werden.
- Ressourcen-Anteile müssen mit einer angenehmen Körperresonanz verknüpft sein.
- Kontrollierende Anteile sollten erkannt und es sollte angepasst mit ihnen gearbeitet werden. Auch kontrollierende Anteile haben einen guten Grund und sollten in diesem verstanden werden.
- Bei deprivierten Patient*innen kann vor dem Installieren von Ressourcen ein erstes körperliches und emotionales Erlebbarmachen dieser in der Gegenwart notwendig sein.
- Bei deprivierten Menschen kann das erstmalige Erleben von Empfindungen in einem geschützten Rahmen auch große Angst und Verunsicherung aus-

lösen, in diesem Fall ist eine besondere Feinfühligkeit der Behandler*innen gefragt.

2.3.2 Phase 2: Arbeit an der Bindung zwischen Bezugspersonen und Kind (bei Einbeziehung von Bezugspersonen)

Werden Bezugspersonen in die Arbeit miteinbezogen, sollte neben der Installation von Ressourcen auch auf die Bindung zwischen Bezugspersonen und Patient*in geachtet werden. Hier ist nicht gemeint, ob sich der*die Patient*in und die Bezugsperson gut verstehen oder mögen, sondern inwiefern das unsichtbare Band, das zwei Personen über Raum und Zeit miteinander verbindet, ausreichend tragfähig ist und ob der*die Patient*in die Bezugsperson als eine *sichere, schutzgebende Person* wahrnimmt. Es sollte den Fragen nachgegangen werden: Sucht die Patient*in in Situationen, die sie ängstigen, intuitiv bei der Bezugsperson Schutz und Halt? Und ist die Bezugsperson in solchen Momenten unter Berücksichtigung ihrer eigenen Bindungsrepräsentation in der Lage, feinfühlig, situations- und altersadäquat Halt und Schutz gebend den Patient*innen einen sicheren Ort zu bieten und sie co-regulativ zu begleiten? Sind diese Voraussetzungen gegeben, kann die Bindung unter Berücksichtigung der in Kapitel 1.2 beschriebenen Bindungsmuster als ausreichend sicher gesehen werden. Voraussetzung ist hier nicht unbedingt eine sichere Bindung. Auch unsichere Bindungsmuster können als ausreichend sicher betrachtet werden. Bei unsicheren Bindungsrepräsentationen ist in Phase 3 ggf. mehr Unterstützung durch den*die Behandler*in notwendig. Sucht der*die Patient*in allerdings in Belastungssituationen nicht intuitiv bei der Bezugsperson Schutz und Halt und/oder ist die Bezugsperson nicht in der Lage, feinfühlig, situations- und altersadäquat Halt und Schutz zu geben und damit für die Patient*innen einen sicheren Ort darzustellen, kann die Bindung zwischen Bezugsperson und Patient*in nicht als ausreichend sicher verstanden werden. Dies kann aus verschiedenen Gründen geschehen. Hier sollte zum einen überprüft werden, ob die Bezugsperson auf Grund ihrer eigenen Lebensgeschichte und/oder auch der gemeinsamen Lebensgeschichte mit dem*der Patient*in nicht in der Lage ist, ausreichend Sicherheit auszustrahlen. Unter Umständen sollte dann Phase 1 mit den Bezugspersonen wiederholt werden. Liegen die Umstände dafür mehr in der eigenen Lebensgeschichte und/oder liegt bei der Bezugsperson unter Umständen eine desorganisierte Bindung zugrunde, sollte der Bezugsperson eine eigene Psychotherapie nahegelegt und für die Arbeit mit den Patient*innen eine alternative Bezugsperson gesucht werden. Dies ist häufig bei psychischen Erkrankungen der Bezugspersonen gegeben. Es ist aber auch möglich, dass Alltagsbelastungen durch Triggersituationen die Bindung zwischen Bezugsperson und Patient*in deutlich beeinträchtigen. Dies geschieht besonders dann, wenn sich Bezugspersonen in Triggersituationen nicht reflektiert, sondern reflexhaft verhalten und damit zu einer Bestätigung und Verstärkung der traumabedingten Verhaltensmuster beitragen (Boger, 2022). Hier liegen die in Kapitel 1.6.2 beschriebenen Übertragungs-

und Gegenübertragungsphänomene zu Grunde. Um dieses reflexhafte Verhalten zu unterbrechen, werden zuerst mit den Bezugspersonen allein entsprechende Alltagsbelastungssituationen aus der Gegenwart und bei sich wiederholenden Situationen auch aus der zeitnahen Zukunft betrachtet, in denen es den Bezugspersonen nicht gelingt, reflektiert und funktional zu handeln, (Boger, 2022). Hierzu werden die Bezugspersonen gebeten, sich wie in Phase 1 wiederkehrende, belastende Alltagssituationen wie auf einem Film anzuschauen. Begonnen wird ebenfalls in einem Moment, in dem noch »alles gut« ist. Jeder möglichst frühe Belastungsmoment wird mit der bereits beschriebenen bilateralen Stimulierung reguliert. Die in Kapitel 1.6.2 beschriebene Metapher der Achterbahn kann unterstützend herangezogen werden. Um zukünftig funktionale und damit reflektierte Verhaltensweisen zu ermöglichen, werden mit den Bezugspersonen in jedem Belastungsmoment neben der Regulation der negativen Empfindungen und Handlungsimpulse alternative Verhaltensstrategien überlegt und über die bilaterale Stimulation emotional gehirnphysiologisch verknüpft. Ziel sollte sein, dass es den Bezugspersonen gelingt, in zukünftigen, ähnlichen Situationen ruhig zu bleiben und neue funktionalere Verhaltensstrategien anzuwenden. Damit sind korrigierende Beziehungserfahrungen möglich, die wiederrum zu einem Aufbau einer sichereren Bindung zwischen Bezugsperson und Kind führen sollten (Boger, 2022). Dies kann im zweiten Schritt auch mit Bezugsperson und Patient*in gemeinsam in Bezug auf das Verhalten der Patient*in in schwierigen Alltagssituationen durchgeführt werden. Damit ist eine Stabilisierung im Alltag, eine Verringerung von Alltagskonflikten und damit eine Verbesserung der Bezugspersonen-Patient*innen-Beziehung möglich. Bei Patient*innen mit Bindungstraumatisierungen und bereits vielen weiteren Bindungsabbrüchen kann diese Phase in Verbindung mit den Bezugspersonen im therapeutischen Prozess zeitlich einen sehr großen Umfang einnehmen. Bei Kindern unter einem Jahr wiederum ist es häufiger der Fall, dass diese Phase übersprungen werden kann, da die Bindung zur Bezugsperson als ausreichend sicher eingeschätzt werden kann und sich noch keine Alltagstriggersituationen verfestigt haben. Verweigern die Bezugspersonen sich dieser Arbeit, da sie die Sinnhaftigkeit nicht verstehen können oder wollen, und/oder sind aus anderen Gründen dazu nicht in der Lage, bleibt die Bindung zwischen Bezugsperson und Patient*in für eine weitere Arbeit unter Einbeziehung dieser Bezugsperson zu unsicher. Hier kann dann nur mit einer alternativen Bezugsperson oder den Patient*innen allein weitergearbeitet werden (Boger, 2022).

Take Home

- Werden Bezugspersonen in den Prozess miteinbezogen, sollte die Bindung zwischen Patient*in und Bezugsperson ausreichend sicher sein.
- Bindung ist das unsichtbare Band zwischen Bezugsperson und Patient*in, das es ermöglicht, dass die Patient*innen in belastenden Situationen intuitiv Schutz und Halt bei den Bezugspersonen suchen. Mit Bindung ist nicht das reine Mögen gemeint.

- Die Bindung kann durch Alltagsbelastungen und Triggersituationen beeinträchtigt werden. Diese sind dann vorrangig mit der I.B.T.-Methode zu bearbeiten.
- Die Bindung kann auch durch eigene Belastungen der Bezugspersonen sowie mangelnder Feinfühligkeit auf Grund psychischer Erkrankung etc. der Bezugspersonen nicht ausreichend sicher sein. Hier wäre unter Umständen eine alternative Bezugsperson hinzuzuziehen.

2.4 Phase 3: Traumaintegrative Arbeit mit und ohne Einbeziehung der Bezugspersonen

Sind Phase 1 und 2 erfolgreich abgeschlossen, kann mit der traumaintegrativen Arbeit der dritten Phase begonnen werden. Fühlt sich der*die Patient*in in der Behandler*innen-Patient*innen-Beziehung und/oder in Bezug auf seine*ihre eigenen Ressourcen noch nicht ausreichend sicher, erleben wir bei den Patient*innen häufig Vorbehalte, Ängste oder ein Vermeidungsverhalten. Dann sollte unter Umständen in die Phase 1 oder 2 zurückgegangen und diese wiederholt werden. Auch neue Alltagsbelastungen können ein Fortschreiten des Prozesses verhindern. Hier wird nach dem Motto »Aktuelles hat immer Vorrang« gearbeitet. Bei aktuellen herausfordernden Lebenssituationen wie zum Beispiel Prüfungen oder Schulwechsel sollte mit den Patient*innen und ggf. den Bezugspersonen besprochen werden, ob die Phase 3 der Traumaintegration zurückgestellt werden sollte, bis die aktuellen Herausforderungen überstanden sind, oder ob die Bearbeitung der traumatischen Erfahrungen die Voraussetzung ist, damit die aktuellen Herausforderungen bewältigt werden können. Hier wird ein transparentes Vorgehen mit Partizipation der Patient*innen empfohlen.

2.4.1 Phase 3a: Kumulative Traumata mit Einbeziehung der Bezugspersonen

Werden die Bezugspersonen in die traumaintegrative Arbeit miteinbezogen, sollten diese wie bereits beschrieben die Phasen 1 und 2 durchlaufen haben. Die Bezugspersonen sollten von den Patient*innen als sicherer Ort wahrgenommen werden. Ist die Geschichte soweit bekannt und wurde diese vorab mit den Bezugspersonen in Phase 1 chronologisch aufgearbeitet, werden die Bezugspersonen gebeten, Fotos der Patient*innen aus entsprechenden Altersabschnitten und auch von besonders belastenden, als auch ressourcenreichen Situationen, Personen oder Plätzen herauszusuchen und zur gemeinsamen Sitzung mit den Patient*innen mitzubringen. Spielsachen oder Gegenstände im Raum, die die Patient*innen zur Vermeidung einladen, sollten vor der Sitzung möglichst entfernt werden. Die Bezugspersonen

2.4 Phase 3: Traumaintegrative Arbeit mit und ohne Einbeziehung der Bezugspersonen

und der*die Patient*in nehmen gemeinsam Platz, wobei der*die Patient*in entscheiden darf, wer wo sitzt. Der*Die Patient*in soll sich wohl und sicher fühlen. Nach der Vorstellung der verschiedenen Möglichkeiten der bilateralen Stimulierung (händisch taktil, taktil mit Pulsatoren oder taktil über einen Stellvertreter wie zum Beispiel durch das Hüpfen eines Hartplastiktieres auf den Knien des*der Patient*in) beginnt die Bezugsperson dem*der Patient*in mit Unterstützung der Fotos die Geschichte des*der Patient*in aus dessen*deren Sichtweise zu berichten. In manchen Fällen wurde den Patient*innen während des Erzählens, statt die Fotos einzusetzen, die Geschichte wie auf einer Bühne mit Stellvertretern wie zum Beispiel Legofiguren auf dem Tisch vorgespielt. Die Geschichte wird an einem Punkt begonnen, an dem noch »alles gut« war. Sie sollte bei den Patient*innen sowohl kognitiv, emotional als auch physisch möglichst vielfältig aktiviert werden, damit die Ereignisse nach dem Prinzip der Rekonsolidierung in einen verarbeitungsoffenen Zustand versetzt werden. Der*Die Patient*in wird dazu ermuntert, bei Bedarf eigene Sichtweisen und Korrekturen des Berichteten miteinzubringen. Bekannte Äußerungen, bestimmte Wortwahl, sprachliche Besonderheiten wie zum Beispiel Dialekte sollten mitangewendet werden, um eine intensivere Aktivierung zu ermöglichen. Im gesamten Prozess sollte auf Körperreaktionen der Patient*innen geachtet werden. Körperresonanzen können Hinweise auf eine Traumaaktivierung bei den Patient*innen sein. Diese können sehr fein zum Beispiel durch eine kleine Bewegung, eine Mimik, ein tieferer Atemzug etc., aber auch sehr deutlich wie zum Beispiel durch eine heftige emotionale oder körperliche Reaktion, plötzliches Weinen etc. gezeigt werden. Sie laufen in der Regel innerhalb von Millisekunden und von den Patient*innen vorbewusst willkürlich ab. Die Traumaaktivierung im limbischen System und dem Körpergedächtnis reagiert deutlich schneller als das Bewusstsein in der Großhirnrinde (▶ Kap. 1.5). Die Ereignisse werden chronologisch sortiert. Aspekte, die nicht bekannt sind, sollten nicht durch Fantasien oder Vermutungen gefüllt und als Fakten dargestellt werden. Informationslücken können vorsichtig und oberflächlich mit Hypothesen, die auch als solche benannt werden, im Konjunktiv angeboten werden. Kommt es hier zu einer Körperresonanz, können diese ggf. vorsichtig verstärkt ausgebaut werden. Wichtig ist, dass die Arbeitshypothesen durch Fakten untermauert werden. Diese können zum Beispiel gesicherte Informationen über bestimmte spätere Verhaltensweisen sein, die den Verdacht sehr nahelegen, dass die Hypothese zutrifft. Hier sollte aber sehr vorsichtig vorgegangen werden, um keine falschen Anschuldigungen, falsche Zusammenhänge oder gar false memories zu implementieren. Im Zweifelsfall sollten Lücken als Lücken benannt werden.

Bei den Lücken handelt es sich meist um dissoziierte Erinnerungen, die dem Bewusstsein häufig zum Selbstschutz (noch) nicht zugänglich sind. Bei ausreichender Stabilität können die dissoziierten Erinnerungen zwischen den Sitzungen ins Bewusstsein gelangen und daraufhin bearbeitet werden. Patient*innen als auch den Bezugspersonen empfehle ich, in einem Tagebuch alle zwischen den Sitzungen auftauchenden Erinnerungen, Bilder und auch Körperwahrnehmungen festzuhalten. Diese können dann in den folgenden Sitzungen aufgegriffen und bearbeitet werden.

Das Verhalten von sehr nahen Bezugspersonen, wie den leiblichen Eltern, als auch das Verhalten der Patient*innen selbst sollte in der Geschichte positiv oder zumindest vom guten Willen geprägt dargestellt werden. Das heißt nicht, dass ein Fehlverhalten von sehr engen Bezugspersonen entschuldigt oder bagatellisiert werden soll. Ein Fehlverhalten dieser Bezugspersonen sollte auch klar als ein solches benannt werden. Patient*innen berichten immer wieder von Überzeugungen wie »Wenn ich vom Teufel abstamme, ist der Teufel auch in mir«. Dies kann eine Selbstannahme und Selbstakzeptanz deutlich erschweren und ggf. eine Loyalität gegenüber dem eigenen Fehlverhalten mit dem Fehlverhalten der Bezugspersonen erzeugen. Eine teildissoziierte Darstellung der Bezugspersonen kann hier hilfreich sein, indem das klar benannte Fehlverhalten der Bezugspersonen einem externalisierten Anteil zugeschrieben wird, oder die Bezugsperson selbst in einem teildissoziativen Zustand beschrieben wird, indem zum Beispiel der Körper, der sich in der Schwangerschaft gut um die Patient*in gesorgt hat, und der Kopf, der Dinge getan und gedacht hat, die nicht in Ordnung gewesen sind, geteilt wird. Sollte es den anwesenden Bezugspersonen schwerfallen, diese teildissoziative Spaltung der Täterbezugspersonen zu benennen, sollte dies bereits im Vorfeld mit diesen psychoedukativ besprochen und ggf. in Phase 1 betrachtet werden.

Für die Patient*innen ist diese Spaltung der Bezugspersonen für die Integration und den weiteren Verlauf von sehr großer Bedeutung. Gelingt diese nicht, bleiben die Patient*innen unter Umständen intrapsychisch in einem großen Loyalitätskonflikt verhaftet und lehnen immer einen Teil von sich selbst ab, was zu einer weiteren Folgesymptomatik führen kann. Berichten die Bezugspersonen selbst die Traumageschichte, in der sie ein Fehlverhalten zeigten, kann ein authentisches (!) Bitten um Verzeihung und eine Korrektur dessen, was heute getan werden würde, wenn sie erneut in dieselbe Situation kommen würden, eingebaut werden. Dies kann zu einer neuen Rekonstruktion der Lebensgeschichte und damit zu einer Korrektur des Geschehens führen, wenn die Bezugspersonen ihr Bedauern über ihr eigenes (Fehl-)Verhalten authentisch und fühlbar glaubhaft anbringen. So werden sämtliche Lebensereignisse der Patient*innen unter bilateraler Stimulierung im bifokalen Fokus berichtet. Gemeinsam mit den Patient*innen wird so ein stressorbasiertes Erklärungsmodell für die gezeigte Symptomatik entwickelt und zur Entwicklung eines Kohärenzempfindens in einen größeren Zusammenhang gestellt. Die Geschichte endet an einem Punkt, an dem soweit wieder »alles gut« war. Auswirkungen auf die Gegenwart und die Symptome im Jetzt werden als notwendige Überlebensstrategien auf Grund der eigenen Lebensbiografie aufgezeigt. Im Blick auf die (nahe) Zukunft wird den Patient*innen ein funktionalerer Umgang mit der Symptomatik unter Einbezug ihrer Ressourcen angeboten. Hier zeigen sich die im Vorfeld herausgearbeiteten inneren Ressourcen-Anteile als hilfreich. Ein innerer Dialog von hilfreichen Anteilen mit den herausgearbeiteten Trauma-Anteilen ermöglicht einen heilsamen Umgang und damit eine Verarbeitung der traumatischen Ereignisse.

Die Intensität der Traumaaktivierung kann durch das Benennen verschiedenster Sinnesebenen und Detailinformationen abgeschwächt, aber auch intensiviert werden. Je oberflächlicher eine Geschichte berichtet wird, desto geringer ist die Traumaaktivierung bei dem*der Patient*in. Je detaillierter eine Geschichte be-

2.4 Phase 3: Traumaintegrative Arbeit mit und ohne Einbeziehung der Bezugspersonen

richtet wird, umso stärker ist die zu erwartende Aktivierung im limbischen System. Günstig wäre eine 50–50-Balance in der Aktivierung der belastenden Ereignisse und dem Verbleiben in der sicheren Gegenwart (bifokaler Fokus). Dies gilt im Allgemeinen als optimales Verarbeitungsfenster. Hierzu sind die nonverbalen Körperreaktionen der Patient*in auf das Genaueste zu beobachten. Bleibt eine Körperreaktion der Patient*innen völlig aus, sollte nicht durch übermäßige Verstärkung der Intensität und noch mehr Details eine Aktivierung der möglichen Traumata »erzwungen« werden, da eine sekundäre Traumatisierung des*der Patient*in zu befürchten wäre. Eine ausbleibende Körperreaktion bei den Patient*innen kann ein Hinweis darauf sein, dass die berichteten Ereignisse keine traumabedingte Körperresonanz bei den Patient*innen auslösen und damit von ihnen als nicht traumatisch erlebt worden sind. Aber auch bei fehlender innerer und/oder äußerer Sicherheit im Prozess, zum Beispiel, da die Bezugsperson nicht als ausreichend sicher erlebt wird, keine ausreichende innere Sicherheit in den Patient*innen selbst vorhanden ist oder die Gegenwart insgesamt als nicht ausreichend sicher erlebt wird, können sich die Patient*innen selbst durch (Teil-)Dissoziation vor einer Traumaaktivierung und damit vor einer Retraumatisierung schützen. In diesem Fall wäre ebenfalls keine Körperresonanz ersichtlich.

Zusammenfassend kann also gesagt werden: Besteht eine traumabedingte Symptomatik nach dem stressorbasierten Hypothesen-Modell und kann beim Berichten der entsprechenden Lebensgeschichte keine Körperresonanz bei den Patient*innen erreicht und damit auch keine Verarbeitungsprozess ermöglicht werden, sollte die Sitzung im Nachgang analysiert werden. Folgende mögliche Fragen sollten gestellt werden: 1. Ist das Ereignis von dem*der Patient*in überhaupt als traumatisch erlebt worden oder verfügte er*sie über ausreichend Resilienz und Bewältigungsstrategien? 2. Besteht eine intrinsische Veränderungsmotivation bei den Patient*innen und ein Einverständnis zur Behandlung? 3. Fühlte sich der*die Patient*in im Kontakt mit der Bezugsperson/dem*der Behandler*in ausreichend sicher und können diese ausreichend Sicherheit durch eigene Verarbeitung ausstrahlen? 4. Ist eine äußere Sicherheit im Leben des*der Patient*in ausreichend gegeben und/oder besteht noch ein Akuttrauma? 5. Verfügt der*die Patient*in über ausreichend innere Stabilität und eigene Mismatch-Ressourcen, um sich auf einen Verarbeitungsprozess einlassen zu können? 6. Muss die stressorbasierte Arbeitshypothese verworfen und eine neue entwickelt werden?

Zeigt der*die Patient*in eine übermäßig starke Körperresonanz, sollte der*die Behandler*in größtmögliche Ruhe bewahren und Sicherheit ausstrahlen. Der intensive Prozess kann durch Einweben von Mismatch-Ressourcen, Aktivierung schützender innerer Anteile (▶ Kap. 1.9), »Vorspulen« des Filmes, Verstärkung der sicheren Gegenwart im Hier und Jetzt abgeschwächt und die Sitzung selbst durch einen Dissoziationsstop (▶ Kap. 1.7), die Tresor-Übung und anschließender Sicherer-Ort-Übung (▶ Kap. 1.8) beendet werden. Auch hier sollte im Nachgang die Sitzung detailliert analysiert und mit dem*der Patient*in nachbesprochen werden. Einige mögliche Stolpersteine: 1. Wurden mögliche Triggerpunkte im Vorfeld übersehen? 2. Kam es zu unerwarteten Affektbrücken? 3. War der*die Patient*in noch nicht ausreichend stabil? 4. Befanden sich die Bezugsperson/der*die Behandler*in selbst in einem (teil-)dissoziierten Zustand und waren auf Grund dessen in ihrer eigenen Feinfühligkeit und damit in ihrer Fähigkeit zur Co-Regulation beeinträchtigt? 5. Kam es auf Grund blinder Flecken bei der Bezugsperson/dem*der Behandler*in zu einer projektiven Identifikation bei dem*der Patient*in und zeigte er*sie statt der eigenen Belastung die Belastungen des Gegenübers? Supervision kann hier als ein hilfreicher Bestandteil der Reflektion gesehen werden.

2.4.2 Fallbeispiel Patrick, 9 Jahre, mit Bezugsbetreuerin – Bindungstraumatisierung

Der 9-jährige Patrick wurde gemeinsam mit seiner Bezugsbetreuerin Frau S. in der Praxis vorstellig. Patrick lebte zu diesem Zeitpunkt seit knapp zwei Jahren in einer Regelwohngruppe, bestehend aus acht Kindern zwischen sechs und zwölf Jahren. Zu seiner leiblichen Mutter habe er seit Jahren einen unregelmäßigen und auch unzuverlässigen Kontakt. Die Gesundheitsfürsorge lag beim Jugendamt. Die Mutter war über die Vorstellung zur Psychotherapie informiert worden und stimmte dem zu. Eine Einbeziehung lehnte sie jedoch vehement ab. Der Vater sei unbekannt und habe daher keinerlei Rechte gegenüber seinem Sohn. Vorstellungsanlass waren zum einen starke Verlustängste bzgl. verschiedenster Gegenstände, massives Horten von Nahrungsmitteln, fehlendes Sättigungsgefühl sowie impulshaftes Verhalten gegenüber Mitbewohner*innen und Mitschüler*innen, die auch körperliche Konflikte nach sich zogen. Auf Grund seines Übergewichts und seines impulshaften Verhaltens erlebte Patrick in der Wohngruppe und in der Schule zudem Ausgrenzungen und Ablehnungen. Patrick selbst zeigte zu Beginn nur bedingt einen Leidensdruck. Im direkten Kontakt war Patrick zum einen überangepasst, zum anderen abweisend und patzig. Versuchte Frau S. ihn in seinem Verhalten zu begrenzen, ignorierte er sie offensichtlich. Im Laufe der Sprechstunde öffnete sich Patrick zunehmend. Um mit Patrick in Kontakt zu kommen, war ein validierendes, feinfühliges Verhalten von Seiten der Therapeutin besonders bedeutend. Patrick brauchte sehr viel Raum, seine eigenen Themen anbringen zu dürfen und sich dabei ernst genommen zu fühlen. Auf ansatzweise Kritik oder Hinweise, wie andere sich in Bezug auf sein Verhalten fühlen könnten, reagierte er sofort aggressiv und bockig. Er negierte jegliche Beteiligung seinerseits an Konflikten und erlebte sich selbst immer »als Opfer«.

Phase 1

Anamnestisch konnte aus Berichten von Patrick, Frau S. sowie auf Grundlage von Berichten seitens des Jugendamts folgendes erhoben werden: Patrick ist das dritte Kind seiner Mutter (+19). Seine älteren Geschwister (+2, +1) waren zum Zeitpunkt seiner Geburt bereits fremduntergebracht. Der Vater von Patrick ist unbekannt. Die Mutter gab an, dass sie um den Zeitpunkt der Zeugung häufiger ungeschützten Geschlechtsverkehr mit verschiedenen, ihr zum Teil unbekannten Männern gehabt habe. Die Schwangerschaft blieb zunächst unbemerkt. In der 16. Schwangerschaftswoche kam es von Seiten der Mutter zu einem Abtreibungsversuch. Weitere

2.4 Phase 3: Traumaintegrative Arbeit mit und ohne Einbeziehung der Bezugspersonen

Informationen zur Schwangerschaft konnten nicht erhoben werden. Die Geburt erfolgte in der 36. SSW per sectio. Patrick verbrachte die ersten drei Wochen auf Grund schlechter Vitalwerte auf der Intensivstation. Da die Mutter dem Jugendamt bereits bekannt war, wurde sie vor die Wahl gestellt, Patrick direkt in eine Pflegefamilie zu geben oder in eine Mutter-Kind-Einrichtung zu ziehen. So zog Patrick mit seiner Mutter in eine Mutter-Kind-Einrichtung. Nachdem er im Alter von ca. drei Monaten von seiner Mutter dort allein zurückgelassen wurde, wurde er von Seiten des Jungendamts in Obhut genommen und wechselte in eine Bereitschaftspflegefamilie für vier Monate. Es kam zu einer Rückführung zur Mutter in eine andere Mutter-Kind-Einrichtung. Hier wurde Patrick im Alter von dreizehn Monaten wegen körperlicher Gewalt von Seiten des damaligen Lebensgefährten der Mutter erneut in Obhut genommen. Nach sieben Monaten in einer Bereitschaftspflegefamilie wechselte Patrick im Alter von 1,8 Jahren in eine Dauerpflegefamilie. In den darauffolgenden fünf Jahren, bis zur Aufnahme in der Wohngruppe im Alter von sieben Jahren, lebte Patrick in fünf weiteren verschiedenen Pflegefamilien, in denen er zum Teil Gewalt von Seiten der Pflegeeltern erlebte oder auf Grund seines Verhaltens als nicht tragbar beschrieben wurde.

Erste Auffälligkeiten bei Patrick wurden in den Berichten ab der zweiten Bereitschaftspflegefamilie (dreizehn Lebensmonate) beschrieben – davor sind keine Informationen bekannt. Laut der zweiten Bereitschaftspflegefamilie zeigte Patrick starke Trennungsängste, sowie Ein- und Durchschlafschwierigkeiten. Er habe sich nur durch Essen beruhigen lassen. Aus den Berichten der Pflegefamilien konnten nur wenige weitere Informationen erhoben werden. Es wurden auch hier wiederholt Verhaltensauffälligkeiten wie Ängste, fehlendes Sättigungsgefühl, Horten von Nahrung, grenzüberschreitendes Verhalten gegenüber anderen Kindern der Pflegefamilie oder später im Kindergarten (Besuch ab dem dritten Lebensjahr) sowie nicht näher beschriebenes »nicht tragbares Verhalten« von Seiten Patricks benannt. Patrick berichtete auch von Einsperren und Gewalt von Seiten verschiedener Pflegeeltern. Im Alter von sieben Jahren wechselte Patrick in die Wohngruppe. Dort erfolgte auch die Einschulung in die Grundschule. In der Wohngruppe zeigte sich Patrick zunächst auffällig unauffällig. Er befolgte alle Regeln und zeigte gegenüber den Betreuer*innen ein beinahe devotes Verhalten, so Frau S. Nach drei Monaten veränderte sich sein Verhalten langsam. Er habe begonnen, Essen aus dem Kühlschrank »zu klauen«, verschiedene Dinge wie Müll, dreckige Wäsche etc. zu horten, sei körperlich sehr unruhig, könne nicht für sich sein und suche immer die Nähe der Betreuer*innen, zum Teil auch nachts. Bis heute müsse Patrick immer wieder von der Schule abgeholt werden, da er dort starken körperlichen Kontakt zu seinen Mitschüler*innen suche und sich diese von ihm bedrängt fühlten. Auf die Ablehnung dieser käme es dann zu körperlichen Auseinandersetzungen. In der Wohngruppe zeige er seit ca. einem Jahr ein ähnliches Verhalten. Frau S. habe das Gefühl, je mehr Patrick abgelehnt werde, desto übergriffiger werde er. Er scheine nicht aus seinem Verhalten zu lernen. Verstärkerpläne und Belohnungssysteme würden ebenfalls nicht greifen. Zur Mutter habe Patrick sehr unregelmäßig und selten Kontakt. Meist melde sie sich zu Festtagen telefonisch und habe dann aber nach zwei Minuten bereits keine Zeit mehr. In der Zwischenzeit frage Patrick auch nicht mehr nach ihr. Eine Medikation mit Methylphenidat sei versucht worden –

ohne größere Veränderungen im Verhalten. Aktuell nehme er zum Schlafen Pipamperonsaft.

Während der Erhebung der Anamnese wurde Frau S. eigene ambivalente Haltung gegenüber Patrick deutlich. Sie hatten in der Vergangenheit viele Konflikte miteinander ausgetragen. Frau S. berichtete zudem, dass sie sich auch gegenüber Kolleg*innen und Lehrer*innen immer wieder für Patricks Verhalten rechtfertigen müsse und sie langsam »keine Lust mehr dazu habe«. Es wurde auch deutlich, dass sie in Alltagssituationen immer wieder in Täterübertragungen geriet und aus diesem Gefühl heraus auch gegenüber Patrick agierte. So wurde Patrick immer wieder in seiner Wahrnehmung, ein Opfer zu sein, bestätigt. Im Rahmen der Phase 1 wurde zunächst mit Frau S. allein deren eigene Geschichte mit Patrick von »gut bis heute« durchgegangen. Jedes belastende Standbild wurde mit bilateraler Stimulierung in Form von Augenbewegungen reguliert. Da die Gegenwart noch immer von Belastungen geprägt war, wurden in diesem Zuge mit Frau S. auch aktuelle Belastungssituationen (Phase 2) Bild für Bild im bifokalen Fokus aktiviert und mit bilateraler Stimulierung integriert. Dies ermöglichte es Frau S. zunehmend, aus ihrem reflexhaften Verhalten in ein reflektiertes Verhalten zu gelangen und damit Täter-Gegenübertragungsimpulse nicht auszuagieren. Sie konnte in aktuellen Belastungssituationen ruhiger bleiben, sich besser selbst regulieren und empfand sich auch im Kontakt mit Patrick handlungsfähiger. Je sicherer sich Frau S. fühlte, desto weniger Verhaltensauffälligkeiten zeigte Patrick in ihren Diensten. Im Rahmen von Supervision konnte auch mit dem gesamten Team eine traumapädagogische Haltung erarbeitet werden. Hier lag vor allem der Schwerpunkt auf den Reinszenierungen im Trauma-Viereck, als auch darauf, eine innere Haltung zu entwickeln und Patrick korrigierende Beziehungserfahrungen anzubieten.

Phase 2

Parallel zu dem Prozess mit Frau S. wurde mit Patrick in die Stabilisierungsarbeit und Teile-Arbeit eingestiegen. Es konnten spielerisch verschiedene Anteile, die an Konflikten auf der Wohngruppe und der Schule beteiligt sind (kontrollierende Anteile), aber auch Ressourcen-Anteile in Form von Krafttieren herausgearbeitet werden. Anhand der besonders wütenden, kontrollierenden Anteile, einem Heer von Wölfen, konnte mit Skills-Arbeit und mit Unterstützung der Achterbahnmetapher (Stärkung des ANP in Regulation der k EP) gearbeitet werden. Patrick entwickelte selbst Ideen, was den Wölfen helfen könnte, weniger wütend zu sein, und an welchem Punkt welche Strategien nutzen würden. Das Krafttier wurde ein Urzeit-Dinosaurier, der so groß und stark war, dass selbst die Wölfe vor ihm Respekt hatten. Da der Dinosaurier im Laufe der stabilisierenden Teile-Arbeit immer wieder auch Quatsch-Ideen hatte, wurde es bedeutend, auch für Patrick selbst als ANP einen Anteil zu erschaffen, der in Form eines Zirkusdirektors alle anderen Anteile im Blick hatte und sie in der Stressregulation trainierte. Für den verletzten Trauma-Anteil (fragiler EP) konnte am Ende noch ein kleines Häschen gefunden werden, das vor allem und jedem furchtbare Angst hat und viel Schutz bedurfte. Je mehr das Häschen Angst hatte, umso wütender wurden die Wölfe und umso do-

2.4 Phase 3: Traumaintegrative Arbeit mit und ohne Einbeziehung der Bezugspersonen

minanter der Dinosaurier. Als Patrick dies verstanden hatte, konnte er mit Frau S. im Alltag bezüglich der Entstehung und Bewältigung von Konflikten durch das Externalisieren auf die Tierfiguren auf eine neue Art und Weise in Kontakt kommen. Nun war nicht mehr Patrick als ganze Person böse, sondern es gab Anteile, die dies bedingten, und Frau S. konnte Patrick in seiner Rolle als Zirkusdirektor unterstützen, die einzelnen Tier besser zu kontrollieren. Hier hatte die Arbeit mit dem Team erneut große Bedeutung, da der Vorwurf auftauchte, dass Patrick nun ja einen Freibrief für sein Verhalten habe. Daher wurde nochmals an die innere Haltung appelliert. Patricks Verhalten hat einen guten Grund, den wir verstehen müssen. Gleichzeitig ist es wichtig, eine innere klare und authentische Haltung zu entwickeln und Leitplanken authentisch mit Kopf und Herz zu setzen. Leitplanken geben Patrick Orientierung und Sicherheit, müssen aber auf Stabilität im ganzen Team getestet werden. Daher war es unerlässlich, dass das gesamte Team nahezu identische Leitplanken setzte und in diesem Rahmen Patrick auf der Beziehungsebene begegnete, ihm das Gefühl gab, verstanden zu werden, und ihn mit Partizipation co-regulierte. Auf der Beziehungs- und Bindungsebene konnte über diese korrigierenden Beziehungserfahrungen eine gute Stabilität erreicht und damit in die dritte Phase gestartet werden.

Phase 3

In Vorbereitung für das Traumanarrativ mit Patrick wurde nochmals mit Frau S. gearbeitet. Die Therapeutin erzählte Frau S. Patricks Lebensgeschichte von dem Zeitpunkt der Zeugung bis heute, so wie Patrick sie vermutlich erlebt hat. An den Bildern, an denen Frau S. in ein Mitleiden statt angemessenen Mitfühlens kam, wurde sie mit bilateraler Stimulation erneut in ihrer Regulation des Nervensystems unterstützt. Als Frau S. sich Patricks Geschichte anhören konnte und es ihr gelang, gleichzeitig empathisch mit Patrick mitfühlend, aber nicht mitleidend, und mit sich selbst im Kontakt zu sein, konnte mit der dritten Phase begonnen werden.

In dieser kam Patrick gemeinsam mit Frau S. zur Sitzung. Patrick wusste bereits im Vorfeld, dass Frau S. ihm heute seine Geschichte erzählen würde und war entsprechend aufgeregt. Nachdem sie bequem Platz genommen hatten und Patrick sein Stärke-Tier, den Dinosaurier in Form eines Plastiktieres, auf seinen Schoß gesetzt hatte und auch ein Wolf-Symbol etwas weiter entfernt platziert wurde, begannen zuerst die Therapeutin und später Frau S. zu erzählen. Die Geschichte sollte an einem Punkt beginnen, an dem aus Patricks Sicht noch alles gut gewesen sein müsste, und wurde mit einer durchgehenden bilateralen Stimulierung begleitet.

Da die Anfänge von Patricks Leben nur bedingt rekonstruiert werden konnte, begann die Therapeutin wie folgt: »Ganz am Anfang kam das Allerbeste von Deinem Papa und das Allerbeste von Deiner Mama im Bauch der Mama zusammen. Dabei kam es zu einem kleinen Feuerwerk (Anmerkung: Bei Befruchtung einer Eizelle entstehen Zink-Ionen, die unter dem Mikroskop einem Feuerwerk ähneln (Seeler, 2021)). Der Papa ist danach verschwunden. Da der Kopf der Mama gar nicht wusste, dass es Dich gibt, konnte sie es ihm nicht erzählen, und als der Kopf der Mama es dann wusste, war der Papa nicht mehr da. Und die Mama hat den Papa auch bis heute nicht mehr gefunden. Ich bin aber überzeugt, wenn er es wüsste, hätte er sich bestimmt ganz arg über Dich gefreut. Du warst dann damals eine ganz kleine befruchtete Eizelle im Bauch von der Mama. Du hast dann einen Geruch ausgesendet, der den Körper Deiner Mama überzeugt hat, dass Du das größte Geschenk auf dieser Welt bist.« *Patrick schaut mit großen Augen und nickt.* »Der Körper Deiner Mama ist nämlich super schlau und hat das verstanden. Er hat Dir dann einen Platz gegeben, an dem Du ausreichend Essen und Trinken bekommen hast und es schön warm war. Er hat auf Dich aufgepasst, damit Du gut wachsen konntest. Der Kopf Deiner Mama war zu dieser Zeit ziemlich durcheinander. Der wusste nicht so recht, ob er wirklich eine Mama sein möchte oder kann oder eben nicht. Und machte auch ganz schön viel Quatsch deswegen, den man als Mama nicht machen sollte.« *Hier sucht Patrick die Nähe zu seiner Betreuerin und drückt seinen Dino an sich.* »Der Körper der Mama war da auch manchmal verwirrt, was Du sicherlich bemerkt hast und Dich vielleicht auch durcheinander gemacht hat. Und gerade deswegen hat der Körper der Mama noch mehr auf Dich aufgepasst, weil er wusste, wie toll Du bist. So bist Du gewachsen und immer größer geworden. Es war wirklich schön in dem Bauch der Mama. Du hast Dich dort wahrscheinlich sehr wohl gefühlt und bist darin gewachsen. Im Bauch wurde es dann auch langsam enger. Als Du dann schon recht groß warst, meinten die Ärzte und die Mama, dass Du jetzt groß genug bist und sie Dich nun aus dem Bauch holen möchten. Du warst vielleicht erst etwas verwirrt, da Du noch gerne im Bauch bleiben wolltest. Die Ärzte haben dann einfach den Bauch aufgeschnitten und Dich herausgeholt. Du hast Dich da vielleicht erschrocken, da es plötzlich so hell und so anders war.« *Patrick nickt und hört genau zu.* »Sie haben Dich dann in ein warmes Bett gelegt und ganz viele Kabel an Dich gemacht, um zu schauen, ob Dein Herz richtig schlägt und Du ausreichend Luft bekommst. Sie mussten Dich dann auch noch piksen, da irgendwas nicht so ganz gestimmt hat und sie nachschauen wollten. Du warst ganz durcheinander und hattest vielleicht auch Angst. Du wärst wahrscheinlich viel lieber zu Deiner Mama gekuschelt, aber das ging nicht. Das haben die Ärzte so gesagt. Das war ganz schön doof.« *Patrick sucht noch mehr Nähe zu Frau S.* »Nach einer für Dich langen Zeit bist Du dann mit einer Mama in ein großes Haus gezogen, in dem noch andere Mamas mit ihren Kindern gewohnt haben. Dort hat es Dir gut gefallen. Da waren auch noch andere Frauen, die Deiner Mama geholfen haben, die Babysprache gut zu verstehen. Schau mal, wie klein Du warst.« *Es wurde Patrick ein Babyfoto von sich gezeigt.* »Dem Kopf der Mama fiel das nämlich schwer. Die Mama hat manchmal einfach nicht verstanden, was Du ihr in der Babysprache sagen wolltest. Du hast gemerkt, wie hilflos sie dann war und manchmal auch ganz schön wütend auf Dich. Dabei hast Du nichts falsch gemacht. Babys können ja nur die Babysprache. Dann kam ein Tag, an dem die Mama plötzlich weg war. Der Kopf der Mama war so durcheinander, dass sie einfach weggegangen ist, ohne jemanden Bescheid zu geben. Sie dachte wahrscheinlich, dass die anderen Frauen gut auf Dich aufpassen werden. Das haben sie auch gemacht, da Du nämlich wieder ziemlich verwirrst warst. Du kamst dann in eine Familie, die gut auf Babys aufpassen konnte.« *Neues Foto aus der ersten Bereitschaftspflegefamilie.* »Dort hast du dich auch sehr wohl gefühlt. Eines Tages kam dann die Mama aber wieder zurück und du bist mit ihr zusammen in ein anderes großes Haus gezogen. Auch dort haben wieder andere Mamas mit ihren Kindern gelebt. Zuerst war es da ganz toll und die Mama hat sich ganz arg bemüht, dich zu verstehen. Sie hat viel mit dir gekuschelt und war ganz, ganz lieb zu Dir. Dann war da aber auch noch der Uwe.« *Foto, auf dem die Mutter und Uwe gezeigt wird, wurde vorgelegt. Patrick suchte die Nähe zur Betreuerin.* »Der Uwe war der Freund von der Mama. Der Uwe, der hat manchmal ganz, ganz blöde Sachen mit dir gemacht. Das waren Sachen, die dir weh gemacht haben, und du hattest wahrscheinlich manchmal auch ganz arg Angst vor ihm. Das war nicht in Ordnung von Uwe! Das Problem war jetzt, dass der Kopf der Mama das nicht so richtig verstanden hatte. Das Herz der Mama wusste, dass das nicht richtig ist – aber der Kopf der Mama war damals einfach stärker. Da der Kopf der Mama das damals irgendwie nicht so richtig verstanden hat, haben die Frauen, die in dem Haus gearbeitet haben, gesagt, dass das so nicht mehr weitergeht. Die haben dann dafür gesorgt, dass du wieder in eine andere Familie kommst. Sie haben gedacht, dass das eine ganz tolle Familie ist, die sehr gut Babys verstehen und sich gut um Babys kümmern kann.« *Bild der zweiten Bereitschaftsfamilie wurde gezeigt und Patrick wurde deutlich unruhiger.* »Das Problem war hier aber, dass du furchtbar durcheinander warst. Du wusstest gar nicht, kommt die Mama wieder oder kommt die Mama nicht mehr. Du hattest vor allem Angst, dass der Uwe wieder kommen könnte und dir wieder weh tut. Und weil du so viele Gedanken und Sorgen gehabt hast, hast du manchmal überhaupt nicht schlafen können. Du hattest Angst, dass wieder blöde Träume kommen. Und da hast du versucht, am besten gar nicht mehr zu schlafen.« *Patrick nickte und suchte dabei die Nähe zu seiner Betreuerin.* »Auch hat die Pflegemama, die Mama Sabrina, erzählte, dass du oft ganz große Angst hattest, von ihrem Arm runterzugehen, und auch vor Männern große Angst hattest. Männer haben dich wahrscheinlich an den Uwe erinnert. Die Mama Sabrina hat das verstanden. Allerdings war Deine Angst so groß, dass Mama Sabrina manchmal nicht wusste, was sie tun soll, damit es Dir besser geht. Und da die Mama Sabrina selbst gerne isst, hat sie sich nicht anders zu helfen gewusst, als Dir zur Beruhigung was zum Essen zu geben. Mit dem Essen wurdest Du dann auch immer ruhiger. Und irgendwann dachtest Du Dir: »Naja, wenn ich esse, dann habe ich keine blöden Gefühle mehr«, und dann hast Du auch gegessen, um zu verhindern, dass blöde Gefühle kommen.« *Patrick schaut beschämt zur Seite.* »Da die Mama Sabrina aber schon ein bisschen älter war, hat sich das Jugendamt gedacht, dass Du vielleicht zu einer jüngeren Familie solltest, wo Du dann für immer bleiben kannst. Schau mal, und hier kamst Du dann zu Familie Meyer. Und nach der Familie Meyer kamen noch 4 andere Familien. Vielleicht erinnerst Du Dich noch an die eine oder andere Familie? Dort gab es schöne Zeiten, aber eben auch echt blöde Zeiten.« *Patrick zeigt eine deutliche körperliche Unruhe und will aufstehen. Seine Betreuerin hält ihn liebevoll zurück und flüstert ihm zu, dass die Geschichte gleich vorbei sei und sie bei ihm bleibe.* »Und weil es dort so viele blöde Gefühle gab, hast Du einfach ganz, ganz viel gegessen, um die blöden Gefühle nicht so zu spüren. Und um sicher zu gehen, dass Du immer genug zu essen hast, hast Du manchmal auch Essen versteckt – in Deinem Zimmer, in Deinem Schrank und noch an verschiedenen anderen Orten. Und die blöde Angst, dass Du wieder irgendwo anders hin musst, oder dass solche Männer kommen wie der Uwe, war eben auch immer noch da. Mit 3 Jahren kamst Du dann in den

Kindergarten. Auch das war manchmal gar nicht so einfach für Dich. Du hattest manchmal Angst, dass Du dann nicht mehr abgeholt wirst. Und Du hast wahrscheinlich auch erlebt, dass Dich die anderen Kinder manchmal auch ziemlich geärgert haben, weil die Dich irgendwie nicht so richtig verstanden haben. Und weißt Du, was ich glaube? Dass da dann auch langsam die Wölfe gekommen sind. Die Wölfe, die so unglaublich wütend sind. Wütend auf die Mama, dass die plötzlich weg ist, wütend auf den Uwe, dass der so blöde Sachen gemacht hat, wütend auf die ganzen Erwachsenen, die nicht verstehen, was Du eigentlich brauchst und möchtest, wütend auf die anderen Kinder, die manchmal so blöde Sachen zu Dir sagen und noch so viele Gründe. Da ist so unglaublich viel Wut in Dir. Und immer wieder hieß es, dass Du falsch bist, dass Du nicht richtig bist und dass Du woanders hin musst. Das hatte Dich dann manchmal ganz schön traurig gemacht und wütend… Und außerdem hat es Dir auch Angst gemacht.« *Patrick nickt traurig und sucht Blickkontakt zu seiner Betreuerin.* »Kurz bevor Du in die Schule gekommen bist, bist Du in die jetzige Wohngruppe gekommen. Erinnerst Du Dich noch? Ja? Weißt Du was? Und jetzt soll doch Frau S. bitte weitererzählen. Ich glaube, das kann sie jetzt besser als ich.« Frau S. berichtete nun mit Unterstützung einzelner Fotos von Patrick weiter: »Schau mal, Patrick, als Du zu uns in die Wohngruppe gekommen bist, warst Du am Anfang noch ganz misstrauisch. Das ist ja auch super verständlich. Schließlich warst Du an so vielen Orten und immer wieder bist Du weggeschickt worden. Und als Du uns und die anderen Jungs so ein bisschen kennengelernt hattest, hast Du Dich sogar getraut, zu zeigen, wie viel Angst Du manchmal hast, und auch Deine Wut haben wir kennengelernt. Das war ein mutiger Schritt von Dir, Dich so zu zeigen. Schließlich wusstest Du nicht, ob wir das aushalten können. Und Du hast ja gemerkt, dass wir am Anfang total unsicher waren, wie wir das verstehen und was wir tun sollen. Das war doch die Zeit, wo wir so viel mit Dir geschimpft haben. Ach, erinnerst Du Dich?« *Patrick nickt.* »Und ich glaube, dass es da einen Teil in Dir gibt, der super toll ist und der einfach nur geliebt werden möchte. Und gleichzeitig gibt es einen anderen Teil, der furchtbar Angst hat davor. Der Angst hat, wieder weggeschickt zu werden. Der Angst hat, dass man ihm wieder weh tut. Und dieser Teil, der so furchtbar Angst hat *(das Häschen wird gezeigt)*, tut sich manchmal mit dem Teil zusammen, der so unglaublich wütend ist *(der Wolf wird gezeigt)*, oder? Zumindest habe ich das so verstanden. Und weil das manchmal so ein Durcheinander ist in Dir drinnen, versuchst Du, die anderen Jungs ganz feste zu umarmen und gleichzeitig werden sie wieder weggeschubst und so. Und dann habe ich gesehen, dass Du dann ganz oft anfängst, viel zu viel zu essen, obwohl Du eigentlich gar keinen Hunger mehr hast. Und wenn Du dann so viel isst oder es mal wieder Streit gibt, schimpfen wir Dich wieder so viel. Und das gibt dann wieder blöde Gefühle. Und als wir an dem Punkt waren, wo wir nicht mehr weiterwussten, aber für uns auch klar war, dass wir Dich nicht wegschicken möchten, wie das die ganzen Familien vorher getan haben, sind wir dann hierhergekommen, weil wir Dich so gerne haben. Und vielleicht hast Du bemerkt, dass sich auf der Wohngruppe bei uns Betreuenden viel verändert hat. Wir möchten verstehen, warum Du Dich so verhältst. Wir möchten Dir helfen. Wir verstehen, dass Dein Verhalten einen guten Grund hat. Dass das was mit Deiner Lebensgeschichte zu tun hat. Gleichzeitig gibt es natürlich auch Grenzen, weil wir auch die anderen Jungs sehen müssen. Die hatten es ja auch nicht einfach und machen manchmal Dinge, die nicht so ok sind. Und weißt Du, heute ist es anders als damals. Wir haben Dich sehr, sehr gerne, möchten dass Du bei uns bleibst. Wir werden Dich nicht einfach wegschicken. Uns würde es helfen, wenn Dein Zirkusdirektor und Dein Dino mit uns zusammenarbeiten würde. Dass wir gemeinsam schauen können, was das Häschen braucht, um weniger Angst zu haben, und die Wölfe, um weniger wütend zu sein. Wäre das für Dich ok? Und ich habe auch schon gehört, dass Du hier schon ganz schön viel gelernt hast. Wir können ja schauen, wie wir das zusammen auf der Wohngruppe umgesetzt bekommen. Und dass Du manchmal traurig bist, weil die Mama sich nicht meldet, das ist völlig in Ordnung. Da kannst du immer und jederzeit zu uns kommen. Wir halten Deine Traurigkeit mit Dir zusammen aus. Und vielleicht kommt ja irgendwann der Tag, an dem der Kopf der Mama dasselbe möchte wie ihr Herz. Aber bis dahin sind wir für Dich da und auch darüber hinaus.« *Während Frau S. erzählt, kuschelt sich Patrick an sie. Am Ende gähnt er und zeigt über Unruhe, dass er gehen möchte.*

Patrick wurde am Ende dieser Sitzung gebeten, dass er, wenn alte Erinnerungen, die ungute Gefühle auslösen, auftauchen sollten, diese doch bitte aufmalen oder aufschreiben möge und das nächste Mal mitbringe. Und auch Frau S. wurde in Anwesenheit von Patrick gebeten, dass sie oder die Kolleg*innen Patrick daran erinnern sollten, wenn sie starke negative Gefühle oder stärkere Unruhe beim ihm wahrnehmen. So tauchten tatsächlich zwischen den Sitzungen zunehmend Erinnerungen aus den Zeiten bei den Pflegefamilien, aber auch an Uwe auf. Diese Erinnerungen wurden wie beschrieben mit Unterstützung von Frau S. mit bilateraler Stimulierung von gut bis gut rekonstruiert oder auch manchmal ohne Frau S., wie in Kapitel 2.4.4, Phase 3b, beschrieben. Nach mehreren Sitzungen veränderte sich Patricks Verhalten auf der Wohngruppe und in der Schule zunehmend positiv. Er wurde immer mehr in sich ruhend und die Symptomatik remittierte. Am Ende der Therapie wurde er von den anderen Jungs der Wohngruppe zum Gruppensprecher gewählt. Der Kontakt zu seiner Mutter konnte bis Ende der Therapie nicht reaktiviert werden. Patrick zeigte diesbezüglich auch keine Wünsche.

2.4.3 Fallbeispiel Max, 11 Jahre, mit Mutter – Geburtstrauma[1]

Max Mutter berichtete im Erstgespräch über Max. Der Vorstellungsanlass seien »emotionale Blockaden«. Diese würden zu schneller Frustration im schulischen Kontext, Konzentrationsschwäche und teilweise aggressivem Verhalten vor allem gegenüber dem Bruder führen. Außerdem leide Max unter Ängsten, könne nicht bei Freunden übernachten, nicht alleine einschlafen, schlafe unruhig, knirsche mit den Zähnen und suche nachts die Nähe der Mutter. Zudem habe er Angst in Menschenmengen und fürchte, seine Eltern könnten »ausgetauscht werden« oder »verloren gehen«. Er sei bei einer Schulsozialarbeiterin angebunden gewesen, dort habe er häufig erwähnt, dass er »schon mal tot gewesen sei«. Da ihn das Thema so

---

1 Fallbeispiel mit freundlicher Genehmigung von Franziska Huber.

zu beschäftigen schien, habe die Schulpsychologin eine Vorstellung bei einer Traumatherapeutin empfohlen.

Phase 1

In der Anamnese berichtete die Mutter, dass Max das erste Kind des Paares sei. Ein absolutes Wunschkind. Die Schwangerschaft sei »sehr angenehm gewesen«. Alle Beteiligten hätten sich auf Max gefreut. In ihrem Arbeitsumfeld sei der Mutter sehr viel positive Resonanz begegnet. »Max habe alles mitgemacht«. Die Geburt sei zum Termin erfolgt. Leider sei trotz kräftiger Wehen keine Einstellung ins Becken erfolgt, so dass nach zehn Stunden bei grünem Fruchtwasser eine sekundäre Sektio durchgeführt worden sei. Max habe postpartal unauffällige Werte gehabt und sei gut entwickelt gewesen. Nach der Geburt sei er bei der Mutter auf dem Bauch gelegen. Dort habe die Mutter plötzlich bemerkt, dass Max nicht mehr geatmet habe. Es sei eine umgehende Untersuchung durch den Kinderarzt erfolgt, der einen Herzstillstand festgestellt und unverzüglich eine Reanimation durchgeführt habe. Im Anschluss sei Max auf der Kinderintensivstation gewesen und seine Körpertemperatur sei gekühlt worden, um einen möglichen Hirnschaden durch Sauerstoffmangel zu vermeiden. Bei anschließendem stabilem Verlauf sei Max nach 5 Tagen wieder »erwärmt« worden und auf die Kinderstation verlegt worden. Im Anschluss sei Max mit Überwachungsgerät entlassen worden und habe intensive Anbindung an der Kinderklinik gehabt (Physiotherapie). Die Mutter habe nach vier Monaten das Überwachungsgerät »abgemacht«, da sie das Gefühl gehabt habe, die Situation im Griff zu haben. Die weitere Entwicklung sei unauffällig gewesen. Max habe 2017 die Polypen entfernt bekommen, 2019 seien die Ohren angelegt worden. Bei der U7 sei eine Allergie festgestellt worden (Hausstaub, Pollen). Die Eingewöhnung in die Krippe habe »gut funktioniert«, im Kindergarten sei es ihm dann deutlich schwerer gefallen sich abzulösen.

Mir fiel die emotionale Beteiligung der Mutter, während sie die Ereignisse rund um die Geburt schilderte, auf. Obwohl die »Geschichte« elf Jahre her ist, wirkte es, als sei es eben erst passiert. Eine Beobachtung, die man bei unverarbeiteter Traumatisierung machen kann. Insgesamt wirkte die Mutter aber überaus alltagsfunktional und ausreichend stabil. Nachdem der Mutter die Möglichkeiten der Behandlung mit der I.B.T.-Methode erklärt wurde, erfolgte in diesem ersten Termin bereits eine bilaterale Stimulierung während der Belastungsspitzen. Es wurde dann ein neuer Termin mit der Mutter vereinbart, um ihr die Möglichkeit zu geben, das Erlebte selbst noch besser zu integrieren und die Geschichte aus der Sicht des Kindes besser erzählen zu können.

Max Mutter konnte sich gut auf ein erneutes Durcharbeiten der Geschichte einlassen. Wir konnten herausarbeiten, dass sie trotz der dramatischen Situation eine sehr gute medizinische und menschliche Unterstützung erfahren hatte, die ihr Sicherheit und Orientierung gegeben hatte. So hatte die Mutter die Geburtssituation als nicht traumatisch und gut managebar in Erinnerung. Dagegen war das Erkennen, dass das Kind nicht mehr atmete, noch mit einem Schock mit vegetativer Beteiligung (Orientierungslosigkeit, Ohnmacht, Nebel, Herzrasen) verknüpft und konnte unter bilateraler Stimulierung in der Belastung deutlich reduziert werden. Im Verlauf erlebte die Mutter in der Erinnerung Phasen großer Hilflosigkeit und Ohnmacht mit vegetativer Reaktion in Bezug auf die Zeit, in welcher Max auf der Intensivstation war und sie ihn nicht »erreichen« konnte. Die Ungewissheit, inwiefern es eine Gehirnschädigung gegeben hatte, habe auch Angst gemacht. Die Vorstellung, wie das für Max wohl gewesen sei, war für sie mit starker emotionaler Beteiligung verknüpft.

Phase 2: Kennenlernen von Max

Mit Max machte ich zunächst gemeinsam mit der Mutter ein Anamnesegespräch, um ihn kennenzulernen und zu erfahren, inwieweit er die geschilderte Symptomatik auch als »Problem« einstufen würde und inwiefern er sich vorstellen könne, dass die Symptomatik von heute mit seinem »Start« zusammenhängen könnte. In diesem Gespräch wurde deutlich, dass er sich in Belastungssituationen altersgerecht bei der Mutter mit Blicken rückversicherte und die Bindung zwischen den beiden als ausreichend sicher eingeschätzt werden kann, auch wenn sein Verhalten immer wieder zu familiären Konflikten führte. Trotz aller Belastungen konnte Max auch viele Ressourcen und Stärken bei sich benennen.

Zunächst besprachen wir die von der Mutter geschilderte Thematik. Max schätzte die Themen auf der »Nervfaktorskala« (NF1 = minimale subjektive Belastung, NF10 = maximale subjektive Belastung) wie folgt ein:

- Thema Aggression: Max schilderte, vor allem gegenüber Grenzüberschreitungen seitens seines Bruders plötzlich sehr wütend zu werden und nicht mehr zu wissen, was er tue, er könne dann nicht mehr klar denken und werde richtig sauer. (NF5).
- Thema Frustration fand Max nicht so wichtig (NF1).
- Thema Konzentration, Arbeitsgeschwindigkeit nervte Max schon ziemlich. Er sei meistens einer der letzten in den Klassenarbeiten (NF7).
- Thema Ängste fand Max am belastendsten. Er bestätigte die von der Mutter schon genannten Ängste und schilderte vor allem Angst davor zu haben, entführt zu werden und nicht mehr bei den Eltern zu sein (NF9).

Auf meine offene Frage, ob er sich denn erklären könne, woran das mit den Ängsten liegen könne, oder seit wann er diese habe, antwortete er spontan: »Vielleicht, weil ich schon mal tot war«, – so war ein Übergang zum Thema gefunden. Max wollte daraufhin wissen, wie es sein könne, dass er sich daran »erinnere«, und so gingen wir in die Psychoedukation von frühkindlicher Traumatisierung über. Ich benutze dafür ein Modell, welches die Grundlagen der Neuroanatomie und die unterschiedlichen Erinnerungsspeicherungen kindgerecht erklärt. Max hörte sehr interessiert zu. Eine Erkenntnis, die ich beobachte und als positive Entwicklung werte. Wenn ein Kind mit großem Interesse dabeibleibt, nachfragt und bereits vegetative Beteiligung sichtbar wird, schätze ich das als prognostisch guten Faktor ein, dass die anschließende Behandlung erfolgreich sein kann. Die vegetative Beteiligung kann man dann dem Kind auch gut rückkoppeln (zum Beispiel: »Schau mal auf deine Beine, die zappeln gerade richtig, oder fühle mal in deinen Körper, was du gerade spürst...«). So kann man zum Beispiel mit den Kindern bereits beginnen, ein Vokabular zu erarbeiten, wie sie sich »überhaupt fühlen können«. Im Anschluss erklärte ich auch die Funktionsweise von der I.B.T.-Methode und klärte mit Max, ob er sich vorstellen könne in die Phase 3 einzusteigen, in der seine Mutter die Geschichte in seiner Anwesenheit erzählen würde. Max fand es spannend und wollte gerne wiederkommen.

Phase 3

1. Stunde

Max Mutter erzählte die Geschichte vom Zeitpunkt der Konzeption bis zur Geburt. Auf Grund zeitlicher Gründe wurde hier die Geschichte in drei Teile aufgeteilt. Der erste Teil der Geschichte begann an einem Punkt, an dem noch alles gut war (Konzeption) und endete an einem Zwischenziel (der Geburt), an dem ebenfalls kurz alles gut war. Im zweiten Teil der Geschichte wurde der erste Teil kurz zusammengefasst wiederholt und von der Geburt bis zur Verlegung auf die Kinderstation berichtet. Der dritte Teil der Geschichte umfasste nach erneuter kurzer Zusammenfassung die Zeit auf der Kinderstation bis zu dem Zeitpunkt des Nach-Hause-Kommens. Interessanterweise gab es bei der Schilderung des Geburtsstillstandes bei Max deutliche Aktivierung mit stark unruhigen Beinen, abwechselnd mit leicht teildissoziativen Zuständen mit Bewegungsarmut (deutliche Körperreaktion). Er selbst schilderte ein Aktivierungslevel von 8/10 und suchte in diese Phase den engen Körperkontakt zu Mutter. Es erfolgte bilaterales Tapping zur Regulation und ich leitete Max an, mehr ins Spüren von Sicherheit, Selbstwahrnehmung und Bewegung zu kommen. Max spürte deutlich seine neue Lebendigkeit und er hatte Lust sich zu bewegen. Deshalb gingen wir zu einigen ressourcenorientierten Bewegungsübungen (Abschließen von Bewegungsmustern, Übungen zur Selbstwahrnehmung und Selbstwirksamkeit) über. Wir beendeten die Stunde mit dem positiven Bild, dass die Eltern Max nach der Geburt glücklich begrüßten und ihm seinen Namen gaben. Für mich war es damals zeitlich nicht möglich, direkt weiter mit der nächsten Erfahrung zu machen, weshalb ich ein Zwischenziel gewählt hatte, um in der nächsten Stunde weiterzumachen. Max sagte, er freue sich auf die nächste Stunde.

2. Stunde (nach 4 Wochen)

Max kam wieder in Begleitung seiner Mutter. Diese schilderte, sie habe den Eindruck, dass Max jetzt schon ausgeglichener sei. Er könne besser sagen, was er wolle, schlafe gut und es gebe gerade weniger Streit. Nachdem die Mutter den ersten Teil der Geschichte kurz zusammengefasst hatte, erzählte sie nun die Geschichte von Max weiter. Immer wieder glitt sie dabei in eher technische Schilderungen ab, erzählte, was die Ärzte zum Beispiel gemacht haben. Wir erforschten also zusammen mit Max ein bisschen, wie es in seiner Vorstellung als Baby hätte erlebbar gewesen sein können. Dabei beteiligte sich Max gerne und interessiert. Belastungsspitzen gab es bei »Das Baby fühlt sich allein in dem Kasten«, »Das Baby ist verkabelt«, »Ich kann hier nicht weg«, »Ich sterbe vielleicht«, »Ist das Leben hier so?«. Ich unterstützte ihn mit bilateralem Tapping bei den Belastungsspitzen und Installierung positiver Kognitionen (»Mama ist jetzt da, ich kann mich bewegen, wohin ich will, ich bin stark, ich lebe, ich kann sprechen und sagen, was ich brauche«). Interessanterweise zeigten sich von vegetativer Seite häufig Hypotonie, Bewegungsarmut und Kontaktarmut in dieser Stunde – möglicherweise Zeichen von Teildissoziation möglicherweise aber auch Teil der damaligen Sedierung in Form von Körperintrusionen. Ich versuchte, mit verstärkter Kontaktaufnahme, Rückspiegelung, Bewegungsaufforderung und positiven Kognitionen dieser zu begegnen, was auch gelang. Das positive End-Bild schilderte die Mutter, als sie wieder alle zusammen auf der »normalen Station« sein konnten und Max gestillt werden konnte.

3. Stunde (nach 10 Tagen)

Max kam in Begleitung seiner Mutter. Die Mutter berichtete, dass das Einschlafen momentan etwas schwierig sei. Die Aggressionen seien viel besser geworden. Die Ängste seien viel besser. Max wolle bei seinem Freund übernachten (habe aber noch Respekt, ob er es schaffe). Der dritte Teil der Geschichte handelte nach kurzer Zusammenfassung der ersten beiden Teile von der Zeit, als Max auf der Kinderstation angekommen sei, bis zu dem Zeitpunkt, an dem sie nach Hause gekommen sind und seine Mutter alle Überwachungskabel abgemacht habe. Hier hatten die Mutter und auch Max das Gefühl, dass wieder alles gut gewesen sei. In diesem dritten Teil der Geschichte gab es bei Max keine großen Aktivierungen mehr. Max war aber nach wie vor sehr interessiert bei der Sache, fragte nach und wurde immer munterer und fröhlicher.

4. Stunde (nach 5 Wochen)

Max gab an, viel geträumt zu haben (»Ich bin ganz klein und Leute werfen Sachen nach mir«, »Ganze Familie ist auf einer Insel«). Die Schule gehe gut, er könne sich besser konzentrieren, sitze jetzt auf einem Einzelplatz. Einschlafen funktioniere mittlerweile gut allein mit Hörspiel. Übernachten habe er sich noch nicht getraut, wolle er aber im Herbst schaffen. Die Aggressionen gegenüber dem Bruder seien viel besser. Angst entführt zu werden, sei kein Thema mehr. Heuschnupfen sei gerade viel.

Telefonat mit der Mutter (nach 9 Wochen)

Die Mutter gab an, sehr zufrieden zu sein. Max sei aktuell ohne Schwierigkeiten mit ins Schullandheim gefahren. Er sei viel ausgeglichener, viel weniger schnell frustriert. Die Ängste seien momentan kein Thema.

2.4.4 Phase 3b: Kumulative Traumata ohne Einbeziehung der Bezugspersonen

Werden keine Bezugspersonen in die Phase 3 miteinbezogen, da diese entweder nicht zur Verfügung stehen und/oder es von den Patient*innen nicht gewünscht wird, übernimmt der*die Behandler*in die Position der Bezugsperson. Hier sollte nun darauf geachtet werden, dass die Behandler*in selbst bezüglich des Themas der Patient*innen über ausreichend innere Stabilität verfügt, ihr ihre eigenen blinden Flecken über Selbsterfahrung möglichst bekannt sind und die Behandler*innen-Patient*innen-Beziehung als ausreichend stabil angesehen werden kann. Der*Die Behandler*in sollte von dem*der Patient*in als sicherer Ort wahrgenommen werden. Der*Die Behandler*in sollte in der Lage sein, feinfühlig, situations- und altersadäquat, sowie co-regulativ mit den Patient*innen in Kontakt zu sein, um sie Halt gebend durch den Verarbeitungsprozess begleiten zu können. Auch sollte mit den Patient*innen in Phase 1 und 2, wie in Kapitel 2.1 beschrieben, eine Trauma-Ressourcen-Landkarte, innere (Ressourcen-)Anteile, Mismatch-Ressourcen und Stabilisierungsübungen erarbeitet worden sein. Auch die kontrollierenden Anteile sollten den Behandler*innen bekannt sein. In Phase 1 sollte sich der*die Behandler*in die wichtigsten Eckdaten der Anamnese notiert sowie eine Arbeitshypothese auf Grundlage der Lebensgeschichte nach dem stressorbasierten Arbeitsmodell entwickelt haben. Bestimmte Bezeichnungen, Begrifflichkeiten, Wortwahl, Kosenamen etc. sollten dem*der Behandler*in ebenfalls präsent und auch für die Geschichte präsent sein. Wie unter Einbeziehung der Bezugspersonen wird der*die Patient*in gebeten, im Vorfeld Fotos von verschiedenen Altersstufen, belastenden, aber auch ressourcenreichen Situationen, Personen und/oder Orten herauszusuchen und in die Sitzung mitzubringen. Auch hier soll sich der*die Patient*in im Kontakt mit dem*der Behandler*in wohl und sicher fühlen. Nach der Vorstellung der verschiedenen Möglichkeiten der bilateralen Stimulierung (händisch taktil, taktil mit Pulsatoren oder taktil über einen Stellvertreter wie zum Beispiel über das Hüpfen eines Hartplastiktieres) beginnt der*die Behandler*in in Phase 2 dem*der Patient*in mit Unterstützung der Fotos die Geschichte des*der Patient*in aus dessen*deren eigenen Sichtweise zu berichten. Auch hier gibt es die Möglichkeit, die Geschichte über Figuren wie auf einer Bühne darzustellen. Viele Patient*innen bevorzugen jedoch, während sie die Geschichte erzählt bekommen, die Augen zu schließen, um sich ganz auf ihre Innenwahrnehmung konzentrieren und damit zu ihren inneren verletzten Anteilen Kontakt aufnehmen zu können. Sie werden dann gebeten, zu bestimmten Fotos kurz die Augen zu öffnen.

Die Geschichte wird an einem Punkt begonnen, an dem noch »alles gut« war. Die Geschichte sollte bei den Patient*innen sowohl kognitiv, emotional, als auch

2.4 Phase 3: Traumaintegrative Arbeit mit und ohne Einbeziehung der Bezugspersonen

physisch möglichst vielfältig aktiviert werden, damit die Ereignisse nach dem Prinzip der Rekonsolidierung in einen verarbeitungsoffenen Zustand versetzt werden. Der*Die Patient*in wird auch hier aufgefordert, bei Irritationen oder gefühlten Widerständen eigene Sichtweisen und Korrekturen des Berichteten miteinzubringen. Bekannte Äußerungen, eine bestimmte Wortwahl oder sprachliche Besonderheiten wie bestimmte Begrifflichkeiten, die in Phase 1 wahrgenommen wurden, sollten mit in die Geschichte eingebaut werden, um eine intensivere Aktivierung zu ermöglichen. Im gesamten Prozess sollten besonders die Körperreaktionen der Patient*innen beobachtet werden, da, wie bereits erwähnt, Körperresonanzen Hinweise auf eine Traumaaktivierung bei den Patient*innen sein können. Gerade bei geschlossenen Augen der Patient*innen sind diese häufig sehr fein wie eine Veränderung in der Atmung, ein leichtes Zucken in der Mimik oder auch eine sich lösende Träne. Viele Patient*innen berichten danach, dass ihnen diese Reaktionen, während dem Hören der Geschichte nicht bewusst geworden sind, da sich diese Körperreaktionen innerhalb von Millisekunden vorbewusst und willkürlich zeigen. Die Ereignisse werden von der*der Behandler*in chronologisch sortiert und berichtet. Unbekannte Aspekte werden auch hier vorsichtig mit Hypothesen, die auch als solche benannt werden, im Konjunktiv angeboten werden. Bei einer von dem*der Patient*in gezeigten Körperresonanz können diese ggf. vorsichtig mehr ausgebaut werden. Bei einer ausbleibenden Körperresonanz durch den*die Patient*in sollten diese Hypothesen zurückgenommen und, wie in Phase 3a bereits beschrieben, Lücken als Lücken benannt werden. Sehr nahestehenden Bezugspersonen wie die leiblichen Eltern als auch die Patient*innen selbst werden auch hier positiv oder zumindest vom guten Willen geprägt dargestellt. Fehlverhalten von Bezugspersonen kann durch eine teildissoziierte Darstellung der Bezugspersonen in eine Sinnhaftigkeit gebracht werden (▶ Kap. 2.4.1). Im Unterschied zu Phase 3a werden hier die Entstehung und Sinnhaftigkeit der inneren Anteile intensiver betont und mit diesen gearbeitet. So sollten sowohl die kontrollierenden Anteile als auch die ressourcenbesetzten und fragilen Anteile in ihrem guten Grund wahrgenommen und gewürdigt werden. Besonders im Blick auf die kontrollierenden Anteile muss betont werden, dass ihr Verhalten zwar damals zum Überleben verholfen hat, im Heute jedoch nicht mehr notwendig ist und sie sich entsprechend transformieren dürfen. Sollte es sich stimmig zeigen, können im weiteren Verlauf zukünftige Transformationsmöglichkeiten der kontrollierenden Anteile angeboten werden. Die fragilen und ressourcenbesetzten Anteile werden während des Erzählens miteinander in Kontakt gebracht. Sind Bezugspersonen bereits verstorben, können diese in der Geschichte auch wohlwollend als Ressource eingebaut werden, indem ihnen bestimmte fürsorgliche Worte, Weisheiten oder auch Entschuldigungen in den Mund gelegt werden. Auch innere Ressourcen-Anteile wie das heutige funktionalere Ich kann in der Geschichte dem verletzten, fragilen Trauma-Ich zur Seite gestellt werden, um dieses zu trösten oder mit wohlwollenden Worten und/oder Taten zu unterstützen. Dies kann zu einer neuen Rekonstruktion der Lebensgeschichte und damit zu einer Korrektur des Geschehens führen. Bei ausbleibenden Körperresonanzen wird wie in Phase 3a vorgegangen.

Take Home

- Dem*Der Patient*in wird seine*ihre eigene belastende Lebensgeschichte von den Bezugspersonen (Phase 3a) oder dem*der Behandler*in (Phase 3b) von gut bis gut im bifokalen Fokus (50:50) unter bilateraler Stimulierung berichtet.
- Auch anstehende Ereignisse können mit Bewältigungsstrategien erarbeitet werden.
- Lücken in der Geschichte dürfen nicht mit Fantasien und Vermutungen gefüllt werden.
- Nahestehende Bezugspersonen wie leibliche Eltern, aber auch die Patient*innen selbst werden positiv oder zumindest von gutem Willen motiviert dargestellt. Ist dies nicht möglich, sollte eine teildissoziierte Spaltung erfolgen.
- Die Entstehung und Sinnhaftigkeit der inneren Anteile, als auch deren Kommunikation untereinander wird in der erzählten Geschichte aufgegriffen.
- Bei fehlender Körperresonanz sollte nicht auf das Trauma beharrt werden (Gefahr der sekundären Traumatisierung).
- Stolpersteine und Schwierigkeiten bei ausstehender oder übermäßiger Körperreaktion sollten im Nachgang analysiert und besprochen werden.
- Supervision für den*die Behandler*in ist immer hilfreich.

2.4.5 Fallbeispiel Antonia, 17 Jahre

Die 17-jährige Antonia kam allein zum Erstgespräch. Sie berichtete recht emotionslos, dass sie Schwierigkeiten habe, tiefergehende Beziehungen und Freundschaften zu pflegen. Lerne sie jemanden kennen, sei es relativ schnell recht eng. Nach etwa ein bis zwei Monaten wende sich dann aber das Gegenüber ab. Gründe dafür würden trotz Nachfragens nicht benannt. Sie leide darunter, da sie sich eine tiefergehende Beziehung oder auch Freundschaft wünschen würde. Während der Schulzeit habe sie ein paar oberflächliche Freundschaften gepflegt. Seit sie in der Ausbildung sei, wären diese Kontakte nur noch selten. Sie würde zwar rasch mit anderen jungen Erwachsenen an der Berufsschule in Kontakt kommen. Die Kontakte blieben aber oberflächlich oder würden sich, wie beschrieben, wieder verlieren.

Phase 1

In der Anamnese berichtete Antonia ohne große Gefühlsregungen, dass sie in Polen geboren sei. Sie sei das zweite Kind ihrer Eltern. Sie sei nicht geplant gewesen. Die Mutter habe ihr von Anfang an gesagt, dass sie kein zweites Kind gewollt habe. Da das erste Kind, ihre Schwester, ein Mädchen ist, wäre für die Mutter ein Junge noch am ehesten in Frage gekommen. Aber ein zweites Mädchen habe sie nicht gewollt.

2.4 Phase 3: Traumaintegrative Arbeit mit und ohne Einbeziehung der Bezugspersonen

Der Vater habe immer schon viel gearbeitet. Er habe sich schon irgendwie auf sie gefreut. Die Schwangerschaft sei unkompliziert gewesen. Die Geburt erfolgte spontan an Heiligabend. Hier werfe ihr ihre Mutter bis heute vor, dass sie wegen ihr das Weihnachtsessen verpasst habe. Nach der Geburt sei Antonia zur Großmutter mütterlichseits gekommen. Die Eltern hätten sie für Urlaube abgeholt und manchmal an den Wochenenden besucht. Die Großmutter sei eine sehr rationale Frau gewesen. Sie habe sich gut um Antonia gekümmert, aber wenig Liebe gezeigt. Im Alter von fünf Jahren sei sie dann zu den Eltern und ihrer Schwester gezogen. Dort habe sie sich häufig wie »das fünfte Rad am Wagen« erlebt. In der Schule sei sie häufig ausgegrenzt worden, da sie »irgendwie anders« gewesen sei. Auch sei es ihr schwergefallen, die gleiche gute Leistung wie ihre Schwester zu erbringen. Sie habe immer wieder hören müssen, wie »gut es doch ihre Schwester mache«. Dadurch sei die Beziehung zur Schwester recht ambivalent gewesen. Im Alter von neun Jahren sei die Familie aus wirtschaftlichen Gründen nach Deutschland ausgewandert. Dies sei für sie eine schlimme Erfahrung gewesen, da sie die Sprache nicht konnte. Ihre Schwester habe sich schnell in das neue System eingefunden. Sie selbst habe lange Zeit, besonders in der Schule, Schwierigkeiten gehabt, da sie die anderen Kinder und auch das Lehrpersonal nicht verstanden habe. Den Eltern sei Leistung sehr wichtig gewesen und sie hätten immer großen Druck auf sie ausgeübt. Zudem habe sie keinen sozialen Anschluss gefunden. So sei sie nie zu Geburtstagen eingeladen worden und zu ihrem Geburtstag sei keines der eingeladenen Kinder gekommen. Mit der weiterführenden Schule wurde es etwas besser, da sie mit dem Tanzen begonnen habe. Dort habe sie ein paar oberflächliche Freundschaften knüpfen können. Durch die Pubertät sei sie damit »ganz gut« gekommen. Sie habe sich mal kurzzeitig oberflächlich selbstverletzt. Als ihre Mutter dies gesehen habe, habe sie großen Ärger bekommen. Danach sei es nicht mehr vorgekommen. Ihren Realschulabschluss habe sie »gut« hinbekommen und mache nun eine Ausbildung zur medizinischen Fachangestellten. Sie lebe noch bei ihren Eltern. Ihre Schwester sei für ein Studium ausgezogen.

Im Blick auf ihre Lebensgeschichte wisse sie, dass es damals für sie schlimm gewesen sei. Heute verspüre sie diesbezüglich keine Belastungen mehr. Sie habe bereits »viel an sich gearbeitet«. Sie könne sich aber vorstellen, dass ihre Schwierigkeiten tiefere Beziehungen und Freundschaften einzugehen, mit ihrer Lebensgeschichte zusammenhängen könnte. Während des Berichtens wurde der Glaubenssatz »Ich bin nicht ok, so, wie ich bin« immer wieder von Antonia benannt. Erst auf Hinweis der Therapeutin wurde Antonia diese tiefe Überzeugung bewusst und sie zeigte erstmals eine tiefe Traurigkeit.

Phase 2

In Phase 2 wurden mit Antonia Ressourcen-Anteile erarbeitet. Da keine Bezugsperson miteinbezogen werden sollte, wurde vereinbart, dass die Therapeutin ihr ihre Lebensgeschichte erzählen wird. Gemeinsam mit Antonia wurde mit Unterstützung der Trauma-Ressourcen-Landkarte herausgearbeitet, welche Belastungen es in ihrer Anamnese gegeben und was ihr damals geholfen habe, diese gut zu bewältigen. Antonia konnte benennen, dass sie von klein an einen starken Willen gehabt habe. Je mehr Widerstand es gegeben habe, umso trotziger und kämpferischer habe sie reagiert. »Aufgeben gibt es nicht« sei von jeher ihre Devise gewesen. Bei diesem Satz zeigte Antonia auch eine besonders deutliche Körperresonanz. Auch das Vertrauen der an sich so kühlen Großmutter in sie habe ihr geholfen. Die Großmutter habe ihr trotz allem das Gefühl gegeben, dass sie alles schaffen könne, was sie wolle. Sie habe sie Dinge ausprobieren lassen und nie geschimpft, wenn doch etwas schief gegangen sei. Dann habe sie es eben nochmals versucht. An ihre Kindheit mit der Großmutter verknüpfe sie tatsächlich viele positive Erinnerungen. In der Zeit in Polen gemeinsam mit ihrer Familie habe ihr ihre Katze sehr geholfen. Diese sei immer für sie da gewesen. Mit der Auswanderung musste sie diese bei einer damaligen Schulfreundin der Schwester zurücklassen. Noch heute habe sie ein Foto der Katze Mimi in ihrer Geldbörse. Sobald sie zu Hause ausgezogen sei, würde sie auch wieder eine Katze haben wollen. In der ersten Zeit in Deutschland habe ihr primär ihr starker Wille und ihr Trotz geholfen. Sie habe sich in der Zeit auch viel weggeträumt in andere Welten, in denen sie mit vielen Tieren vereint war. Im Laufe der Zeit sei dann das Tanzen dazu gekommen. Hier könne sie sich völlig verlieren und vergessen. Auch ihre Ausbildung würde ihr heute viel Freude bereiten. Sie empfinde die Arbeit als sehr bereichernd. Sie überlege bereits, sich als Rettungssanitäterin ausbilden zu lassen. Als kontrollierender Anteil konnte der Anteil mit dem Glaubenssatz »Ich bin nicht ok, so, wie ich bin« herausgearbeitet werden.

Phase 3

Während der Phase 1 und 2 wurde Antonia von Seiten der Therapeutin feinfühlig gespiegelt und begleitet. So konnte eine gute tragfähige und vertrauensvolle Therapeutin-Patientin-Beziehung entstehen. Des Weiteren achtete die Therapeutin auf jede noch so feine Körperreaktion von Antonia während des Erzählens und Herausarbeiten der Anamnese, der Ressourcen und des kontrollierenden Anteils. Besondere Begrifflichkeiten wurden notiert.

Zu Beginn der Phase 3 wurde Antonia gebeten, sich auf dem Sofa mit einer Decke und diversen Kissen bequem hinzusetzen. Der sichere Ort wurde wiederholt imaginiert. Als bilaterale Stimulierung für die Sitzung entschied sich Antonia für die Pulsatoren. Zudem brachte Antonia vereinzelte Fotos von sich aus verschiedenen Altersgruppen mit. So konnte die Therapeutin beginnen, Antonia ihre Lebensgeschichte aus deren eigenen Sichtweise zu berichten. Antonia wurde gebeten, während des Zuhörens in sich hineinzufühlen und zu beobachten, was passiert. Alles dürfe sich zeigen und alles dürfe sein. Wenn sie etwas berichtigen wolle, solle sie dies tun. Auch ein Stop-Zeichen wurde vereinbart.

Die Therapeutin begann wie folgt zu erzählen (Anmerkung: In der Wortwahl wurde darauf geachtet, die Worte und Formulierungen von Antonia zu verwenden, um eine Identifikation mit der Geschichte zu ermöglichen): »Ganz am Anfang kam in einer Liebesnacht das Beste von Deinem Papa und das Beste Deiner Mama im Bauch der Mama zusammen. Es gab ein kleines Feuerwerk. Und als befruchtete

2.4 Phase 3: Traumaintegrative Arbeit mit und ohne Einbeziehung der Bezugspersonen

Eizelle hast Du einen Geruch ausgesendet, der den Körper Deiner Mama überzeugt hat, dass Du das größte Geschenk dieser Welt bist. Er hat Dir einen warmen Platz mit ausreichend Essen und Trinken gegeben und hat auf Dich aufgepasst. Er hat Dich gewollt!« *Hier lächelte Antonia und nickte.* »Der Kopf der Mama war sehr kompliziert. Er wusste nicht, ob er noch ein zweites Kind haben möchte oder nicht. Der Papa hat sich gefreut und hat den Kopf der Mama überzeugt. Der Körper der Mama war so viel schlauer und wusste ja von Anfang an, was Du für ein Geschenk bist. So wurdest Du immer größer und im Bauch wurde es immer enger. Irgendwann war es so eng, dass Du raus wolltest aus dem Bauch, auch wenn es Dir vielleicht erstmal Angst gemacht hat. Du wusstest ja nicht, wie es da draußen so ist. An Heiligabend bist Du dann zur Welt gekommen – an einem ganz besonderen Tag. Der Papa hat sich sehr darüber gefreut. Der Kopf der Mama war wieder etwas seltsam. Der hätte nämlich gerne noch das Weihnachtsessen gegessen. Als Du dann aus dem Bauch kamst, wurdest Du von den Schwestern gut versorgt und schau, hier auf dem Bild, hat Dich Dein Papa auf dem Arm und ihr kuschelt. Ein paar Tage später kamst Du dann zu der Oma. Deine Eltern dachten vom Kopf, dass das wohl das Beste für Dich ist. Ihr Herz hatte Zweifel. Aber das Herz konnte sich nicht durchsetzen. So warst Du die ersten Jahre bei der Oma. Manchmal kam Dir ja der Gedanke: ›Warum darf meine Schwester bei Mama und Papa sein? Warum ich nicht? Warum bin ich nicht ok, so, wie ich bin?‹« *Hier kamen bei Antonia plötzlich sehr viele Tränen und eine tiefe Traurigkeit zeigte sich. Sie zitterte und schlang die Arme um sich. Die Therapeutin regte Antonia an, die große Antonia zu der kleinen Antonia zu schicken. Auf die Frage, ob ihr dies gelinge, nickte sie. Antonia fing plötzlich von sich aus an, auf Polnisch vor sich hinzusprechen. Auf Nachfragen der Therapeutin erklärte sie, dass sie die kleine Antonia in den Arm genommen und gesagt habe, dass sie bei ihr sei. Sie habe ihr gesagt, wie stark sie sei und dass sie so stolz auf sie wäre. Da die Kleine nur Polnisch könne, habe sie es auf Polnisch sagen müssen. Auf die Frage, ob die Kleine das der großen Antonia glaube, zeigte Antonia eine unsichere Kopfbewegung. Daraufhin verstärkte die Therapeutin Antonias Worte und forderte Antonia auf, es der Kleinen nochmals, noch lauter auf Polnisch zusagen. Je klarer und deutlicher Antonias Stimme wurde, umso ruhiger wurde sie. Schließlich meinte sie, die Kleine habe sich jetzt in ihren Arm geschmiegt und glaube es. Daraufhin wurde die Geschichte weitererzählt.* »Die Oma war ja bereits eine ältere Frau – für Dich damals uralt. Die Oma bemühte sich so gut sie eben konnte. Gefühle zu zeigen, war nicht ihre Stärke. Sie hatte aber das Herz am richtigen Fleck und hatte großes Vertrauen in Dich. Sie wusste, dass Du stark bist und alles erreichen kannst. Da entstand auch der Gedanke ›Aufgeben gibt es nicht‹. Die Tage, an denen Deine Eltern und Deine Schwester Dich besucht haben, waren manchmal schwierig und haben Dich traurig gemacht. Aber Du wusstest ganz tief in Dir, dass Du es schaffen kannst. Im Alter von fünf Jahren – schau mal auf dem Bild – bist Du wieder ganz zu Deinen Eltern gezogen. Am Anfang hast Du die Oma sehr vermisst. Du konntest sie ja dann nur noch selten sehen. Alles war bei Deinen Eltern so anders – Du kamst Dir vor ›wie das fünfte Rad am Wagen‹. Plötzlich kam dann auch noch die Schule dazu. Du hast Dir so viel Mühe gegeben und dennoch empfandest Du Dich als ›so anders‹. Du wolltest so gut sein wie Deine Schwester – aber egal, wie sehr Du Dich angestrengt hast, es ist Dir nicht gelungen. Das hat Dich sehr traurig gemacht.« *Wieder Tränen bei Antonia.* »Genau, schicke mal die große wieder zu der kleinen Antonia. Ja, genau – sie soll sie gut in die Arme nehmen. Kann sie etwas tun oder sagen?« *Antonia kam die Idee, dass die große Antonia die Oma holen soll. Zusammen mit der großen Antonia und der Oma gehe es der kleinen Antonia besser. Antonia wurde ruhiger.* »Super – ihr seid zu dritt und die Katze Mimi ist auch da. Sehr gut! Eines Tages kam dann ein sehr seltsamer Tag. Deine Eltern hatten beschlossen, dass ihr nach Deutschland zieht. Mimi bekam einen guten Platz bei einer Freundin Deiner Schwester. Und ihr habt alle Sachen zusammengepackt und seid nach Deutschland gezogen. Das war am Anfang so schrecklich für Dich. Alles war so anders: die Sprache, die Umgebung, die Wohnung, die Schule, das Essen, die anderen Menschen… Einfach alles. Du hast niemanden verstanden und fühltest Dich häufig so allein. Wieder kam Dir damals der Gedanke ›Ich bin nicht ok, so, wie ich bin. Warum fällt es meiner Schwester so leicht und mir nicht? Was ist an mir falsch?‹« *Antonia nickte und wirkte sehr traurig.* »Deine Eltern verstärkten durch ihr Verhalten dieses Gefühl. Ihr Herz wusste, dass das nicht richtig ist, dass Du ihre Nähe gebraucht hättest. Aber die Hilflosigkeit und ihre eigene Verzweiflung zwangen sie, Dinge zu tun, die nicht in Ordnung waren. Sie waren nicht in der Lage, das zu tun, was ihnen ihr Herz gesagt hat. Und wieder warst Du so stark! Du wusstest tief in Dir, dass Du es schaffen wirst. Du träumtest Dich eine bessere Welt mit vielen Tieren. Dort fühltest Du Dich weniger allein. In der Realität war es manchmal so schwer, da die anderen Kinder Dich nicht verstehen konnten. Da hast Du so gut für Dich gesorgt. Du hast Dich durchgekämpft und hast es trotz aller Widerstände auf die Realschule geschafft. In diesem Alter hast Du das Tanzen entdeckt – Deine große Leidenschaft! Hier kannst Du komplett Du sein. Da bist Du ganz bei Dir. Hier hast Du auch die ersten leichten Freundschaften geschlossen. Jedoch immer, wenn jemand Dir emotional zu nahekommt, kommt die alte Angst von damals. Die Gedanken ›Ich bin nicht ok, so, wie ich bin. Die mögen mich nicht wirklich.‹ Das sind alles Gedanken, die damals entstanden sind. Gedanken, die zu der kleinen Antonia gehören. Die damals Sinn ergeben haben. Heute ist es anders. Heute bist Du so groß. Du hast so viel erreicht. Deine Geschichte hat Dich zu dem gemacht, was Du heute bist. Du hast durch Deine Geschichte so viel an Stärke bekommen. Die Angst gehört zu der Vergangenheit. Wenn heute diese Gedanken kommen, Gedanken der kleinen Antonia, was kannst Du als große Antonia ihr sagen?« *Antonia überlegte und meinte, dass sie in diesen Momenten der kleinen Antonia sagen könne, dass die alte Zeit vorbei und sie nun groß sei. Sie würde für die Kleine sorgen und aufpassen, dass sie nie wieder allein sei. Sie würden immer zusammenbleiben. Sie umarme die Kleine und nehme sie in ein Tragetuch an ihren Bauch. Antonia lächelte und meinte, nun werde es ihr ganz warm an der Brust und am Bauch. So wurde die Sitzung beendet.*

In den darauffolgenden Wochen veränderte sich Antonias Verhalten langsam. Sie griff selbst immer wieder die Geschichte bzw. Teile der Geschichte auf und reflektierte sie in den Therapiesitzungen. Auch neue, scheinbar vergessene Aspekte zeigten sich und wurden gemeinsam reflektiert und eingeordnet. Antonia wurde selbstsicherer und es gelang ihr zunehmend, sich auf Kontaktangebote von Mitschüler*innen und Kolleg*innen einzulassen. Ihr fiel auf, dass sie früher durch ihr eigenes Verhalten Mitmenschen zurückstieß, indem sie sich zurückzog und nicht mehr meldete. Nach drei Monaten meldete sich Antonia erneut. Sie erzählte, dass sie nun eine sehr gute Freundin habe und sich auch regelmäßig mit einem jungen Mann treffe. Hier würde sich langsam eine Beziehung anbahnen. Dies mache ihr manchmal Angst. Dann würde sie mit ihrer kleinen Antonia in der Bauchtrage sprechen. Das würde ihr so gut helfen, sich auf die Beziehung einzulassen. Sie habe nun das Vertrauen, neue gute und heilsame Erfahrungen machen zu können.

2.4.6 Phase 3c: Frühe Traumata bei rein körperlichen Symptomen ohne bewusste Traumaerinnerungen

Eine besondere Situation ist gegeben, wenn Patient*innen über belastende Körpersymptome ohne körperliche Ursachen berichten und kein stressorbasiertes Hypothesenmodell über die Lebensgeschichte erhoben werden kann. Da frühe vorsprachliche Traumata überwiegend im Körpergedächtnis abgespeichert sind, kann es sich hierbei um Körperintrusionen handeln, die sich in Triggersituationen in der Gegenwart erneut zeigen. Die auslösenden Situationen für diese Körpersensationen können unbewusst sein oder für die Betroffenen nicht erklärbar, da es sich dabei um scheinbar *harmlose Situationen* handelt. Mit dem Wissen, dass Trigger zum einen äußere Sinneswahrnehmungen wie Geräusche, Geruch, Objekte, Körperwahrnehmungen, zum anderen aber auch innere Wahrnehmungen, wie unangenehme Empfindungen wie Kränkungen, das Gefühl, zurückgewiesen oder nicht ausreichend wahrgenommen zu sein, Einsamkeit etc., sein können, wird das bewusste Verstehen und Sicherklären dieser Situationen nicht leichter. Viele Patient*innen erleben durch diese unkontrollierbaren Körpersensationen und dem damit einhergehenden Unverständnis des Umfeldes häufig einen erneuten Kontrollverlust. Nicht selten werden die Patient*innen als *Simulant*innen* betitelt oder ihr Erleben als *überempfindlich* bagatellisiert. Diese Nicht-Erklärbarkeit auf Grund der eigenen Lebensgeschichte kann vielfältige Ursachen haben. So können die traumatischen Ereignisse zum einen wegen ihrer Vorsprachlichkeit nicht bewusst erinnert werden. Zum anderen kann es sein, dass die damaligen Bezugspersonen aus verschiedenen Gründen nicht von möglichen belastenden Ereignissen berichteten, diese Ereignisse von ihnen als *nicht wichtig genug* oder sogar als *normal* empfunden worden sind und damit in Vergessenheit gerieten. Auch Scham und Schuldgefühle der Bezugspersonen können für das Nicht-Berichten ursächlich sein. Es ist allerdings nicht auszuschließen, dass zeitlich spätere Ereignisse wegen ihres hohen traumatischen Potentials vom Bewusstsein abgespalten und in die Dissoziation gedrängt worden sind (peritraumatische Dissoziation). Es ist aber davon auszugehen, dass die Informationen über die Ereignisse weiterhin im inneren System durch einzelne EPs gewusst werden, dem ANP allerdings nicht verfügbar sind. Es ist generell bedeutend, die belastenden Ereignisse aus dem subjektiven Empfinden der Betroffenen selbst zu verstehen. So können Ereignisse für manche als hochbelastend, ja traumatisierend empfunden worden sein und für andere nicht, da deren Erleben ein anderes war. Im therapeutischen Kontext gibt es nun verschiedene Ansätze, diese frühen, sich in der Dissoziation befindenden Erinnerungen ins Bewusstsein zu bringen und mit ihnen zu arbeiten. Ein mögliches traumaintegratives Vorgehen mit der I.B.T.-Methode bei reinen Körperintrusionen soll im Folgenden aufgezeigt werden.

Die Phasen 1 und 2 werden auch hier wie in Kapitel 2.1 beschrieben durchgeführt. In Phase 1 sollte eine möglichst ausführliche Anamnese erhoben werden. In der Erhebung der Lebensgeschichte sollte auf Feinzeichen wie Körperresonanzen, Formulierungen etc., aber auch Dissoziationsmomente oder Lücken in der Biografie geachtet werden, da sich diese unter Umständen später in der Rekonstruktion der Lebensgeschichte und zur Erklärung der Symptomatik im Rahmen des stressorbasierten Erklärungsmodell noch als hilfreich erweisen könnten. In Phase 2 sind das Einüben von Stabilisierungsmethoden, die Installation von inneren Ressourcen-Anteilen, das Erkennen von kontrollierenden Anteilen und der Aufbau einer tragfähigen Behandler*innen-Patient*innen-Beziehung von großer Bedeutung (► Kap. 1.6). Gerade in der Arbeit über Körperintrusionen sollte die Phase 2 auf keinen Fall übersprungen und sehr gewissenhaft durchgeführt werden. Da es sich bei Körperintrusionen nicht nur um vorsprachliche Traumata, sondern auch um spätere Traumata handeln kann, die so hohes Traumapotential in sich tragen, dass sie aus dem Bewusstsein in die Dissoziation verbannt werden mussten, muss hier ein Gegengewicht zu den Traumaerinnerungen und eine gute Stabilität im Hier und Jetzt aufgebaut werden. Die Behandler*innen sollten bestehende kontrollierende Anteile, besonders die Täterintrojekte, kennen und mit ihnen in einer funktionalen Arbeitsbeziehung stehen. Werden diese nicht erkannt, ignoriert oder besteht kein funktionaler Kontakt zu den Behandler*innen, besteht die Gefahr, dass die kontrollierenden Anteile noch vehementer auftreten, um die Aktivierung von Traumaerinnerungen im Prozess zu verhindern und das innere System damit vermeintlich zu schützen. Bestenfalls wird dann die Arbeit in Phase 3c einfach nicht funktionieren, da die Patient*innen vermeiden oder sich nicht in die Gefühle einfühlen können. Schlimmstenfalls jedoch führt die Behandlung zu einer Dekompensation der Patient*innen und damit zu einer Retraumatisierung. Ein alleiniger Aufbau von inneren Ressourcen-Anteilen und Stärkung des Alltags-Ich reichen hier nicht aus. Dies sollte den Behandler*innen bewusst sein und sie in ihrer Sorgfaltspflicht erinnern. Der*Die Behandler*in sollte bei diesem Vorgehen zwingend über eine psychotherapeutische Heilerlaubnis verfügen! Ebenso sollte sie über ausreichend Erfahrung und Kenntnisse in der stabilisierenden und integrativen Arbeit mit komplex traumatisierten Menschen sowie über verschiedene Methoden der Traumaintegration verfügen und das gesamte Arbeiten in einen größeren therapeutischen Kontext setzen. In Phase 3c wird alleine mit den Patient*innen ohne Einbeziehung der Bezugspersonen gearbeitet. Hintergrund hierfür ist, dass sich die Patient*innen völlig auf sich selbst konzentrieren sollen und sich alle Themen in einem therapeutischen Schutzraum zeigen dürfen. Anwesende Bezugspersonen können unter Umständen von der Innenwahrnehmung ablenken oder ihre eigenen Interpretationen auch nonverbal miteinbringen, was den integrativen Prozess stören oder beeinflussen könnte. Das informierte Einverständnis der Patient*innen, eine ausreichende Alltagsstabilität, die Aktivierung von ausreichenden inneren Ressourcen-Anteilen, sowie eine stabile, tragfähige und vertrauensvolle Behandler*innen-Patient*innen-Beziehung sind von großer Bedeutung. Da die Traumaerinnerungen über das Körpergedächtnis aktiviert werden,

2.4 Phase 3: Traumaintegrative Arbeit mit und ohne Einbeziehung der Bezugspersonen

werden über die im Körper abgespeicherten Traumaerinnerungen Affektbrücken gebildet. Damit werden die sich im Vorbewussten befindenden fragmentierten fragilen Trauma-Anteile eingeladen, sich dem Bewusstsein zu zeigen. Um welche fragmentierten fragilen Trauma-Anteile es sich handelt, kann nicht im Vorfeld gesagt werden. Die fragmentierten Trauma-Anteile befinden sich weiterhin in dem Alter und Zustand, in dem sie entstanden sind. Häufig handelt es sich um Ereignisse aus dem vorsprachlichen Altersbereich. Diese werden sich dem Bewusstsein der Patient*innen aber nur zeigen, wenn die sicheren Rahmenbedingungen im Hier und Jetzt gegeben sind, und auch nur, wenn der*die Patient*in in seinem*ihrem funktionalen Alltags-Ich ausreichend stabil ist, über ausreichend Stabilisierungs- und Bewältigungsstrategien verfügt und auch die Beziehung zum*zur Behandler*in als ausreichend sicher erlebt wird. Andernfalls werden sie zum Schutz des gesamten inneren Systems im (teil-)dissoziierten Zustand bleiben oder kontrollierende Anteile den weiteren therapeutischen Prozess blockieren.

Sowohl für die Patient*innen als auch die Behandler*innen ist es wichtig zu betonen, dass es sich bei den auftauchenden fragilen Trauma-Anteilen, die sich in Form von Bildern oder Wahrnehmungen zeigen, *nicht* um tatsächlich geschehene Ereignisse handeln muss. Um für sich eine sinnvolle Erklärung über die Ereignisse und damit Kontrolle für sich zurückzugewinnen, ist unser Gehirn bemüht, zu den auftauchenden Körper- und Emotionserinnerungen passende Bilder zu präsentieren. Diese können der damaligen Wahrnehmung und damit der eigenen Realität entsprechen, müssen es aber nicht. Es kann auch geschehen, dass das Gehirn dem Bewusstsein Bilder anbietet, die so nicht geschehen sind, aber der eigenen Sinnhaftigkeit entsprechen. Es geht primär um das emotionale Erleben und damit um das eigene subjektive Erleben. Dieser unbewusste Vorgang ähnelt Träumen, in denen unser Gehirn zu Emotionen Bilder produziert, die so nicht geschehen sind, aber dennoch eine in sich schlüssige Sinnhaftigkeit ergeben. Damit wird eine Verarbeitung ermöglicht. Angstmachende oder zutiefst verunsichernde Bilder müssen in diesem Kontext durch den*die Behandler*in aufgefangen und durch innere Ressourcen-Anteile möglichst direkt ausgeglichen werden. Diese Erklärung und Vorgehensweise sind wichtig, um einer sekundären Traumatisierung oder auch falschen Anschuldigungen gegenüber beteiligten Personen vorzubeugen. Ziel der Behandlung ist eine Verarbeitung der inneren Prozesse, die sich in Gefühlen und Körperwahrnehmungen zeigen. Es geht hier nicht um die Wahrheitsfindung per se.

In der Behandlungssitzung selbst wird der*die Patient*in gebeten, sich eine angenehme Sitzposition im Raum zu suchen. Gegebenenfalls kann durch das Ausziehen der Schuhe, das Umlegen einer Decke etc. das Gefühl von Sicherheit im Raum noch verstärkt werden. Den Patient*innen werden die verschiedenen Möglichkeiten der bilateralen Stimulierung (händisch taktil oder taktil mit Pulsatoren) vorgestellt. Nun wird der*die Patient*in gebeten, sich bei geschlossenen Augen eine Alltagssituation, in der sich das unangenehme Körpersymptom in der Regel zeigt, vorzustellen und die damit aktivierte Körperwahrnehmung zu empfinden. Ist diese Körperwahrnehmung aktiviert, wird der*die Patient*in gebeten, das auslösende Bild auszublenden und sich völlig auf das Körpergefühl zu konzentrieren (felt sense). Der*Die Behandler*in beginnt nun mit der bilateralen Stimulierung auf den Knien des*der Patient*in bzw. startet die Pulsatoren mit den Worten »Alles darf sein, alles darf sich zeigen«. Der*Die Patient*in wird dazu angeregt, sich selbst im bifokalen Fokus zu beobachten, Veränderungen auf jeder Ebene (kognitiv, emotional und physiologisch) wahrzunehmen und zuzulassen. Ebenso beobachtet der*die Behandler*in selbst während der bilateralen Stimulierung jede noch so kleine Körperresonanz bei den Patient*innen. Sind erste Veränderungen wahrnehmbar, wird der*die Patient*in angehalten, diese weiter zu beobachten und alles zuzulassen, was auch geschehen mag. Nach ein paar Minuten wird die bilaterale Stimulierung unterbrochen und der*die Patient*in befragt, ob sich etwas und was sich verändert hat. Diese Unterbrechungen durch den*die Behandler*in sind bedeutend, um damit eine Reorientierung im Raum zu ermöglichen und damit den bifokalen Fokus zu erhalten. Die Patient*innen sollen sich nicht im Traumaerleben verlieren und in die Gefahr einer Retraumatisierung begeben. Gleichzeitig ist eine Aktivierung der Traumaerinnerungen auf körperlicher Ebene notwendig, um einen Verarbeitungsprozess zu ermöglichen. Die Verantwortung, den Rahmen und den bifokalen Fokus zu halten, liegt hier bei den Behandler*innen. Aus diesem Grund ist eine sehr gute therapeutische Ausbildung die Voraussetzung für dieses Arbeiten. Bei geringen oder kleinen wahrgenommenen Veränderungen wird der*die Patient*in angeregt, die Augen wieder zu schließen und unter der bilateralen Stimulierung durch den*die Behandler*in dem weiter nachzugehen. Nach einer gewissen Zeit wird bei den Patient*innen in der Regel eine deutliche Veränderung auf Körperebene beobachtet. Diese kann sich in deutlicher körperlicher Unruhe, Zittern, Mimikäußerungen oder auch Schwitzen zeigen. Auf Nachfragen berichten daraufhin viele Patient*innen von aufkommenden inneren Bildern und/oder Empfindungen wie das Gefühl von Einsamkeit, Hilflosigkeit, Angst oder ähnlichem aus belastenden Lebenssituationen gekoppelt mit einem deutlich verjüngten Alterserleben. Um die Belastungen möglichst gering zu halten und einer Retraumatisierung vorzubeugen, werden nun funktionale Ressourcen-Anteile und ggf. auch der ANP dem fragilen, die Belastung erlebenden Anteil zugefügt. Das innere Trösten, Halten und Schutzgeben wird durch gezielte Anleitung der Schutz-Anteile durch den*die Behandler*in angeboten und, soweit für den Patient*innen stimmig, auch durchgeführt. Der*Die Patient*in sollte am Ende der Sitzung immer in einem stabilen, als angenehm empfundenen Zustand entlassen werden!

Ziel durch dieses Vorgehens ist, dass der*die Patient*in sich selbst in den Zustand der Selbstfürsorge und des Selbsttröstens versetzt und dadurch eine Mismatch-Erfahrung zu den erlebten belastenden Empfindungen erlebt. Außerdem soll dadurch die Erfahrung der Selbstwirksamkeit gestärkt und damit ein innerer Heilungsprozess angeregt werden.

Bei diesem Vorgehen geht es nicht um die Aufdeckung vergangener Ereignisse. Die Patient*innen werden im Vorfeld darüber aufgeklärt, dass es sich bei den sich möglicherweise zeigenden Ereignissen nicht um »die Wahrheit« handeln muss. Durch die Aktivierung über das Körpergedächtnis können sie Ereignisse und Empfindungen zeigen, die von unserem früheren Ich als solches erlebt worden sind, aber auch Ereignisse, die als Bilder zu den aufkommenden Empfindungen passen und sich ähnlich wie in Träumen den Empfindungen anpassen, jedoch in der Realität nie so geschehen sind. Dieser Hinweis ist im Vorfeld besonders bedeutend. Ziel ist also nicht die aufdeckende Arbeit, sondern das heilsame Nachversorgen und Trösten innerer Anteile im Rahmen der Selbstfürsorge und das Erreichen der Selbstwirksamkeit durch die innere Kindarbeit. Unangenehme Körperempfindungen können durch diese Arbeit zum Teil aufgelöst oder zumindest remittiert werden. Eine weiterführende Begleitung durch den*die Behandler*in gerade bei aufkommender Verunsicherung der Patient*innen ist von großer Bedeutung, um einer sekundären Traumatisierung entgegenzuwirken. Diese Arbeit ist meist ab dem jungen Erwachsenenalter möglich. Jüngeren Patient*innen fällt dieses Vorgehen meist schwer.

Take Home

- Belastende Körpersymptome können Körperintrusionen sein, die durch innere oder äußere, meist unbewusste Trigger aktiviert worden sind.
- Über die Aktivierung von Körperintrusionen können über Affektbrücken Traumaerinnerungen im Körpergedächtnis aktiviert und bearbeitet werden.
- Auftauchende Traumaerinnerungen können, müssen aber nicht der Realität entsprechen. Die Integration dieser über ressourcenvolles Arbeiten steht hier im Vordergrund.
- Diese Arbeit sollte nur von erfahrenen Behandler*innen in einem größeren therapeutischen Kontext durchgeführt werden.

2.4.7 Fallbeispiel Marie, 20 Jahre

Die 20-jährige Studentin Marie stellte sich in der Praxis auf Grund von diffusen Ängsten und starker körperlicher Erschöpfung vor. Organisch habe sie bereits alles abklären lassen. Laut den Ärzten gebe es keine medizinische Erklärung für ihre Erschöpfungszustände. Die Symptomatik habe vor ca. neun Monaten begonnen, nachdem es in ihrer Nachbarschaft zu Hochwasser gekommen sei. Sie berichtete, dass sie nachts allein in ihrem Bett geschlafen habe, als um 1:30 Uhr laute Durchsagen und Blinklichter im Wohnviertel sie geweckt hätten. Es sei verkündet worden, dass alle Bewohner*innen sofort die Häuser verlassen müssten, da auf Grund des steigenden Wasserpegels des anliegenden Baches Lebensgefahr bestünde. Da es die Tage davor bereits stark geregnet hatte und in den Orten um sie herum bereits Hochwasser gemeldet worden war, hatte sie sich bereits vorbereitet. Sie hatte eine Tasche und warme Kleidung bereitgelegt. Wirkliche Angst habe sie nicht verspürt, da sie oben am Berg wohnen würde und ihr bewusst war, dass das Wasser nicht bis dorthin gelangen könne. Dennoch sei eine gewisse Anspannung spürbar gewesen und sie habe mit der Nachbarschaft die restliche Nacht in einer Turnhalle verbracht. Die Stimmung dort sei angespannt, jedoch nicht panisch gewesen. Sie habe sich um die Kinder der Nachbarschaft gekümmert und sei dadurch gut abgelenkt gewesen. Am nächsten Tag habe sie die Schäden des Hochwassers gesehen. Es sei schlimm gewesen, aber es habe sich alles auf Sachschäden begrenzt. Kein Mensch sei körperlich zu Schaden oder ums Leben gekommen. Da sie auf Grund ihres Studiums ihre Zeit flexibel einteilen könne, habe sie bei den Aufräumarbeiten geholfen. Im Rückblick empfinde sie diese Zeit als sehr verbindend und schön. Sie habe sich hilfreich erlebt und das Gefühl gehabt, etwas bewirken zu können. Auch die beschriebene Nacht in der Turnhalle empfinde sie damals wie heute nicht als übermäßig beängstigend. Etwa vier Wochen später habe dann die Erschöpfung begonnen. Zuerst habe sie gedacht, es sei auf Grund der Aufräumarbeiten und sie müsse sich einfach nur erholen. Es sei aber immer schlimmer geworden. Dazu seien diffuse Ängste gekommen, die sie nicht einordnen könne. Es sei nur ein Körpergefühl in der Brust und im Bauch. Das Studium gelinge ihr noch mit Mühe, auch den Alltag bekomme sie noch so weit geregelt. Allerdings sei es sehr anstrengend, soziale Kontakte habe sie eingeschränkt und sie habe Angst, dass sich die Erschöpfung und Ängste noch ausbreiten könnten.

Phase 1

Marie beschrieb die Ereignisse des Hochwassers und die Zeit danach emotional distanziert. Sie konnte im Hier und Jetzt keine emotionale Belastung benennen. Auch anamnestisch kenne sie diese Empfindungen von Ängsten und körperlicher Erschöpfung nicht. Sie sei das erste von zwei Kindern. Sie habe noch eine jüngere Schwester (-3). Sie sei ein Wunschkind gewesen. Vor ihrer Geburt habe es keine Tot- oder Fehlgeburten gegeben. Sie sei natürlich gezeugt worden. Die Schwangerschaft sei unkompliziert gewesen. Sie sei spontan entbunden worden. Die Mutter beschreibe sie als einen entspannten Säugling. Sie sei etwa ein Jahr gestillt worden. Die Entwicklung sei altersgerecht gewesen. Mit drei Jahren habe sie den Kindergarten besucht. Trennungsängste habe sie nicht gehabt. Als ihre Schwester geboren wurde, sei sie eine stolze große Schwester gewesen. Bis heute hätten sie eine gute Beziehung. Mit sechs Jahren sei sie eingeschult worden. Schule sei ihr immer schon leichtgefallen, so sei sie nach der Grundschule auf das Gymnasium gewechselt. Dort habe sie immer schon gute Noten geschrieben. Sie habe viele Freundinnen gehabt und habe seit jeher viel Sport betrieben. Nach dem Abitur sei sie zu Hause ausgezogen und habe ihr Studium begonnen. Seit einem Jahr sei sie in einer festen Beziehung. Ihr Freund gebe ihr viel Kraft und unterstütze sie, wo er nur kann. Größere Belastungen seien ihr nicht bekannt.

Phase 2

In den ersten Sitzungen wirkte Marie sehr kompetent und mit vielen Ressourcen und Resilienzfaktoren ausgestattet. Ihr fiel es sehr leicht, ihre inneren Stärken und Fähigkeiten zu benennen und zu externalisieren. So konnte sie als ihre Superkraft das Gefühl von innerer Stärke und Selbstwirksamkeit formulieren. Sie sei sehr diszipliniert und was sie sich vornehme, setze sie auch um. Hier kamen ihr spontan verschiedene Situationen in den Sinn, in denen sie ihre Superkräfte eingesetzt und als wirksam erlebt habe. In diesem Kontext konnte mit ihr ein Krafttier in Form eines Elefanten (r EP) erarbeitet werden. Sie erlebe Elefanten als groß, kraftvoll und durchsetzungsfähig. Mit diesem Bild könne sie sich gut identifizieren. Wenn sie in *ihren Elefanten* hineinfühle, werde es ihr warm im Bauch. Er leuchte in einem

2.4 Phase 3: Traumaintegrative Arbeit mit und ohne Einbeziehung der Bezugspersonen

warmen Rot und erde sie. Diese Empfindung mit dem Bild des Elefanten und dem warmen Gefühl im Bauch konnte mit bilateraler Stimulierung verstärkt und verankert werden. Auch das heutige Ich (ANP), die große Marie, die sich selbstbestimmt in ihrem Leben bewegt, das Studium meistert und sozial gut integriert ist, konnte mit bilateraler Stimulierung ebenfalls gestärkt werden. In dieser Phase wurde aber auch zunehmend deutlich, dass es einen kontrollierenden Anteil bei Marie gab, der sich als sehr streng und antreibend zeigte. Ein Anteil, der Disziplin und Perfektionismus (k EP) einforderte und dem alles nie gut genug war. Marie wählte für diesen Anteil einen Adler aus, der alles im Blick hatte, aber auch sehr böse picken konnte, wenn nicht alles so lief wie er es sich vorstellte. Diesen Anteil empfand sie einerseits als sehr nützlich, gleichzeitig aber auch als sehr unangenehm, da er sie immer wieder antrieb. Körperlich konnte sie ihn gut im Nacken verorten. In der Überlegung, welchen guten Grund der Adler hatte, sie so anzutreiben, kam plötzlich Angst auf. Eine Angst, nicht gut genug zu sein und nicht geliebt zu werden. Diesen Anteil nannte Marie *die kleine Marie* (f EP). Warum es die kleine Marie gibt und warum diese so viel Angst verspürt, konnte die große Marie sich nicht erklären. Es sei doch immer alles gut gewesen. Wenn sich die kleine Marie zeige, spüre sie eine tiefe Traurigkeit, Angst und Erschöpfung. Dies verwirre sie. In dieser Phase konnte stabilisierend mit den inneren Anteilen gearbeitet werden, indem die große Marie imaginativ angeleitet wurde, die kleine Marie zu trösten, ihr gut zuzureden und sie in den Arm zu nehmen. Der Elefant wurde in seiner Funktion der inneren Ruhe und Stabilität gestärkt, indem er immer wieder imaginiert und körperlich spürbar wurde. Mit dem Adler konnte direkt Kontakt aufgenommen werden. Es wurde dem Adler signalisiert, dass er seinen Job sehr gut mache. Er habe alles im Blick und schütze die kleine Marie, in dem er aufpasse, dass die große Marie alles tue, um von anderen gemocht zu werden, nicht anzuecken und die von den anderen erwarteten Leistungen zu zeigen. Allerdings vergreife er sich dabei des Öfteren im Ton und übertreibe damit. Es wurde gemeinsam mit der großen Marie überlegt, was der Adler bräuchte, um sich etwas zurückzunehmen. Hier wurde deutlich, wenn die kleine Marie weniger Angst hätte, müsse er sich nicht so anstrengen.

In dieser Phase wurde nun folgende Arbeitshypothese aufgestellt: Die kleine Marie scheint etwas für sie Unkontrollierbares erlebt zu haben, was ihr furchtbar Angst gemacht haben muss. Unter Umständen war dies verbunden mit dem Gefühl, nicht zu genügen und nicht geliebt zu sein. Daraufhin entstand der Adler, um darauf zu achten, dass die große Marie nichts tut, was diese alte Angst bestätigen könnte. Um ein inneres Gleichgewicht in Form eines Gegenpols zu dem Adler zu erhalten, entstand der Elefant. Dieses innere System funktionierte bis zu jener Zeit mit dem Hochwasser recht gut. Hier musste nun irgendetwas die alte Angst der kleinen Marie aktiviert haben. Die innere Schutzebene von Elefant und Adler konnte diese alte Angst nun nicht mehr kompensieren, so dass sich die kleine Marie nun über Körperintrusionen der großen Marie kundtun musste, um wahrgenommen zu werden und auf ihre Not hinzuweisen.

Phase 3

Diese Arbeitshypothese wurde mit Marie geteilt und sie berichtete, dass sie hier eine große innere Zustimmung empfinde. Sie spüre einerseits eine große Erleichterung, gleichzeitig eine Verunsicherung, was die kleine Marie wohl erlebt haben könnte. Nach einer ausführlichen Psychoedukation über abgespeicherte Belastungen im Körper, die sich im Hier und Jetzt zeigen, ihren Ursprung jedoch evtl. in der Vergangenheit haben, konnte mit der Phase 3 begonnen werden. Es wurde mit Marie im Vorfeld nochmals ausführlich besprochen, dass sich Themen, die sich in der Arbeit über die Körperintrusionen zeigen, nicht zwangsläufig der Realität entsprechen müssen, sondern im inneren System emotional Sinn ergeben und das Ziel das Trösten der kleinen Marie sein sollte. Marie zeigte sich damit einverstanden. Sie wolle einfach nur, dass es ihr besser gehe. Für diese folgenden Sitzungen wurde Marie gebeten, es sich auf dem Sofa bequem zu machen, ggf. die Schuhe auszuziehen und es sich mit einer Decke oder einem Kissen gemütlich zu machen. Der Elefant als Kraft- und Schutztier wurde nochmals aktiviert und als Symbol neben sie gestellt. Der Adler durfte sich ebenfalls zeigen und mit Abstand Platz nehmen. Er wurde gebeten, alles im Blick zu haben, sich aber in seiner Funktion des Schützens zurückzunehmen. Die Behandlerin würde nun aufpassen und achtgeben. Marie wurde nun gebeten, die Augen zu schließen und sich eine aktuelle Situation vorzustellen, in der sie die Angst und Erschöpfung besonders deutlich wahrnehme. Als sie signalisierte, dass sie es nun körperlich spüre, wurde sie gebeten, die Augen geschlossen zu halten und sich rein auf die Körperwahrnehmung zu konzentrieren. Mit der Botschaft »Alles darf sein, alles darf sich zeigen« wurde mit der bilateralen taktilen Stimulierung begonnen. Die Therapeutin beobachtete während der Stimulation feinfühlig jede Reaktion von Marie – ihre Mimik, ihren Atem, ihre Körperreaktionen, die eigene Gegenübertragung. Nach etwa zehn Minuten wurde es Marie warm und sie legte die Decke ab. Hier wurde kurz unterbrochen (Reorientierung des ANP, um den bifokalen Fokus zu erhalten) und gefragt »Tief durchatmen – was ist jetzt?«. Marie antwortete, ihr werde es warm und das Gefühl breite sich aus. Sie wurde aufgefordert, sich weiter zu beobachten. Nach weiteren zehn Minuten unter bilateraler Stimulierung berichtete Marie von einer leichten Übelkeit. Auch hier wurde kurz unterbrochen, Marie gebeten, tief durchzuatmen (Reorientierung des ANP, um den bifokalen Fokus zu erhalten) und sich weiter unter der Stimulation zu beobachten. Nach etwa fünf Minuten berichtete Marie, dass nun Bilder auftauchen würden. Sie sehe einen weißen Raum und durch das Fenster einen großen Baum. Die Angst und Unruhe verstärkten sich. Die Therapeutin intensivierte die bilaterale Stimulierung und wies Marie an, tief durchzuatmen (Reorientierung des ANP, um den bifokalen Fokus zu erhalten). Marie berichtete, dass sie nun ihre Hände sehen würde und diese wären so klein wie bei einem Baby. Sie fühle sich nun so einsam und habe Angst. Marie begann zu weinen und zu zittern. Die Therapeutin wies Marie an, den Elefanten an die Seite der Kleinen zu stellen und fragte, was der Elefant nun tun könnte. Marie zuckte mit den Schultern und weinte noch mehr. Die Therapeutin wies Marie nun weiter unter bilateraler Stimulierung an, dass die große Marie dazukommen solle. Die große Marie wisse bestimmt, was zu tun sei. Der Adler sei an deren Seite und würde sie unterstützen. Sie fragte Marie, ob ihr dies gelinge und Marie nickte (Reorientierung des ANP, um den bifokalen Fokus zu erhalten). Auf die Frage, was die große Marie der kleinen sagen oder was sie tun könnte, meinte Marie, dass die Große die Kleine nun auf den Arm genommen habe (Versorgung des f EP durch den ANP). Der Elefant habe den Rüssel um beide gelegt. Der Adler sei ebenfalls da – halte sich aber zurück. Die Therapeutin würdigte dies, indem sie betonte, dass der Adler damals wohl bereits entstanden sei. Er mache eine gute Arbeit – er könne jetzt aber auch sehen, dass die große Marie sich gut um die kleine Marie kümmere. Er sehe, dass er sich zurücknehmen und vertrauen darf. Bei diesem Bild kam Ruhe in Marie. Leise flüsterte Marie vor sich hin: »Ich bin für Dich da. Ich bleibe bei Dir!« (Versorgung des f EP durch den ANP). Marie wurde immer ruhiger und nach ein paar Minuten berichtete sie, dass sie die Große, die Kleine, den Elefanten und den Adler wie in einer Lichtkugel sehe. Dies fühle sich sehr ruhig und entspannt an. Sie empfinde keine Angst mehr, nur noch Ruhe und Entspannung.

Am Ende der Sitzung fragte Marie, was diese Bilder zu bedeuten hätten. Die Therapeutin klärte Marie erneut darüber auf, dass über das Körpergefühl und die Emotionen das Vorbewusste eine Brücke geschlagen und das Gehirn dazu Bilder produziert habe. Inwiefern diese der Realität entsprächen oder einfach ein Erklärungsversuch des Gehirns seien, könne sie ihr nicht sagen. Ausschlaggebend sei die körperliche und emotionale Entlastung durch das Trösten und Halten des inneren Kindes. Marie wurde in einem ruhigen und ausgeglichenen Zustand entlassen.

Eine Woche später erschien Marie erneut zum Termin. Sie berichtete, dass sie ihre Mutter zu ihrer Säuglingszeit erneut befragt habe. Die Mutter habe ihr berichtet, dass sie tatsächlich im Alter von sechs Monaten auf Grund einer Lungenentzündung für ein paar Wochen im Krankenhaus gewesen sei. Sie, die Mutter, habe nur zu den Besuchszeiten bei ihr sein dürfen. Sie bestätigte auch den großen Baum vor dem Krankenzimmerfenster. Die Mutter habe Marie nie davon berichtet, da sie es für nicht bedeutend eingestuft habe. Marie sei ja noch so klein gewesen. Für Marie war dies der Schlüssel für ihre diffusen Ängste und die starke Erschöpfung. Offensichtlich hatte die Nacht des Hochwassers diese alten Erfahrungen erneut aktiviert und damit auf körperlicher und emotionaler Ebene wieder bewusst werden lassen. Marie berichtete, dass dieses innere Bild von sich, der Kleinen, dem Elefanten und dem Adler in der Lichtkugel ihr sehr viel Trost und Ruhe gebe. Die Angst sei deutlich weniger geworden. Sie wäre auch weniger streng zu sich. Sie erlebe den Adler als unterstützend und nicht mehr zeitweise so fordernd und quälend. Wenn die Angst dennoch auftauche, würde sie als große Marie mit der Kleinen sprechen und die Angst verschwinde dann. Nach ein paar Tagen kam auch die bekannte Kraft und Energie zurück. Nach weiteren zwei Wochen war die Symptomatik remittiert.

Auswertung: Marie hatte im Alter von sechs Monaten einen für sie offensichtlich hochbelastenden Krankenhausaufenthalt mit Gefühlen der Angst, der Einsamkeit sowie körperlicher Erschöpfung erlebt. Schutz- und haltgebende Bezugspersonen waren zu diesem Zeitpunkt nicht anwesend. Die Mutter berichtete später auch, dass in dieser Zeit das Krankenhaus überbelegt gewesen sei und sie sich nun erinnere, dass eine andere Mutter ihr erzählt habe, dass Marie viel geweint und sich selbst überlassen worden sei. Zu diesem Zeitpunkt scheint die kleine Marie als fragiler Emotionaler Persönlichkeitsanteil (f EP) entstanden zu sein. Gleichzeitig entstand als kontrollierender Anteil (k EP) der Adler mit der Funktion, die kleine Marie zu schützen und darauf zu achten, dass nichts geschieht, was erneut zu einer solchen Situation führen könnte. Über die Jahre hinweg gelang dies gut. Marie entwickelte sich zu einem sehr disziplinierten, angepassten Mädchen. Der Adler sorgte dafür, dass die große Marie (ANP) alle Erwartungen erfüllte und es keinen Anlass gab, erneut in eine hilflose, ausgelieferte Situation zu kommen. Parallel als Ressourcen-Anteil entstand der Elefant (r EP), der ein inneres Gleichgewicht zum Adler darstellte. In der Situation des Hochwassers wurde die alte Angst des Ausgeliefertseins und der Hilflosigkeit der kleinen Marie erneut aktiviert. Der Adler und der Elefant konnten diese Angst durch Disziplin und innere Ruhe und Selbstwirksamkeit nicht mehr ausreichend kompensieren, so dass die kleine Marie durch Körperintrusionen zur großen Marie durchkam und sich in ihrer Not zeigen konnte. Durch die therapeutische Arbeit konnte im inneren System die kleine Marie durch die große Marie getröstet und aus ihrer Not geholt werden (innere Heilung). Dem Adler und dem Elefanten wurde es dadurch möglich, neue Aufgaben im inneren System zu übernehmen.

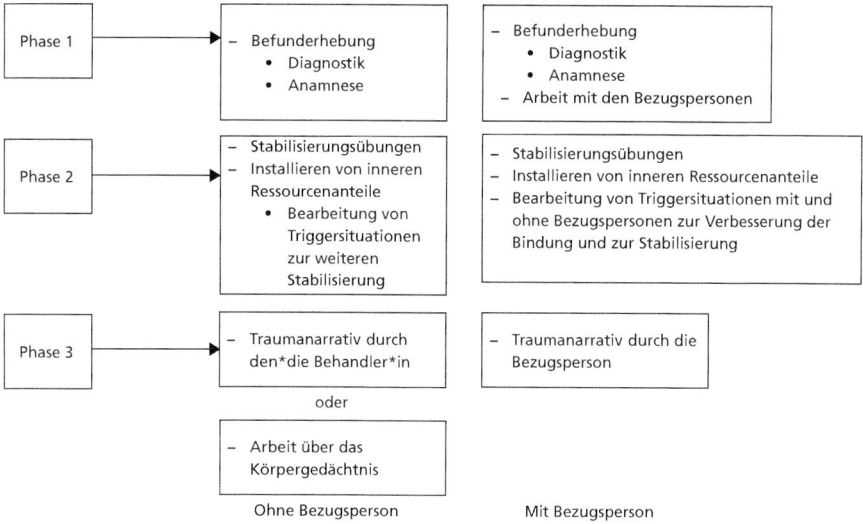

Abb. 2.4: Überblick über die Phasen der I.B.T.-Methode

Vorgehen bei fehlender Körperresonanz in Phase 3: Analyse

1. Ist das Ereignis von dem*der Patient*in überhaupt als traumatisch erlebt worden oder verfügte er*sie über ausreichend Resilienz und Bewältigungsstrategien?
2. Besteht eine intrinsische Veränderungsmotivation bei den Patient*innen und ein Einverständnis zur Behandlung?

2.4 Phase 3: Traumaintegrative Arbeit mit und ohne Einbeziehung der Bezugspersonen

3. Fühlte sich der*die Patient*in im Kontakt mit Bezugsperson/Behandler*in ausreichend sicher und können diese ausreichend Sicherheit durch eigene Verarbeitung ausstrahlen?
4. Ist eine äußere Sicherheit im Leben des*der Patient*in ausreichend gegeben und/oder besteht noch ein Akuttrauma?
5. Verfügt der*die Patient*in über ausreichend innere Stabilität und eigene Mismatch-Ressourcen, um sich auf einen Verarbeitungsprozess einlassen zu können?
6. Muss die stressorbasierte Arbeitshypothese verworfen und eine neue entwickelt werden?

Vorgehen bei übermäßig starker Körperresonanz in Phase 3: Analyse

1. Wurden mögliche Triggerpunkte im Vorfeld übersehen?
2. Kam es zu unerwarteten Affektbrücken?
3. War der*die Patient*in noch nicht ausreichend stabil?
4. Befanden sich die Bezugsperson/der*die Behandler*in selbst in einem (teil-)dissoziierten Zustand und waren auf Grund dessen in ihrer eigenen Feinfühligkeit und damit in ihrer Fähigkeit zur Co-Regulation beeinträchtigt?
5. Kam es auf Grund blinder Flecken bei der Bezugsperson/dem*der Behandler*in zu einer projektiven Identifikation bei dem*der Patient*in und zeigte er*sie statt der eigenen Belastung die Belastungen des Gegenübers?

Supervision kann hier als ein hilfreicher Bestandteil der Reflektion gesehen werden.

Literatur

Abrams, Z. (2021). *Continuing Education Improved Treatment For Developmental Trauma.* APA Monitor on Psychology: CE Corner – Monitor in Psychology, 38–43

Allen, J., Fonagy, P. (2020). *Mentalisierungsgestützte Therapie das MBT-Handbuch – Konzepte und Praxis.* Stuttgart: Klett-Cotta.

Ardizzi, M., Umiltà, M. A., Evangelista, V., Di Liscia, A., Ravera, R. & Gallese, V. (2016). Less Empathic and More Reactive: The Different Impact of Childhood Maltreatment on Facial Mimicry and Vagal Regulation. *PLoS ONE, 11(9):* e0163853. DOI: 10.1371/journal.pone.0163853.

Bauer, J. (2006). *Warum ich fühle, was du fühlst. Intuitive Kommunikation und das Geheimnis der Spiegelneuronen.* München: Heyne.

Bering, R. (2023). *Trauma und Gegenübertragung den Stand der Traumaverarbeitung erkennen und Behandlungsschritte planen.* Stuttgart: Klett-Cotta.

Bettighofer, S. (2016). *Übertragung und Gegenübertragung im therapeutischen Prozess.* Stuttgart: Kohlhammer.

Björkstrand, J., Agren, T., Frick, A.; Engmann, J., Larsson, E.-M., Furmark, T. & Frederikson, M. (2015). Disruption of Memory Reconsolidation Erases a Fear Memory Trace in the Human Amygdala: An 18-Month Follow-Up. *PLoS ONE, 10(7):* e0129393. DOI: 10.137/journal.pone.0129393.

Boger, K. (2022). *Integrative Bindungsorientierte Traumatherapie bei Säuglingen, Kleinkindern und Vorschulkindern.* Stuttgart: Kohlhammer.

Bohus, M. (2024). *DBT-Skillstraining. Das Patienten-Manual.* Stuttgart: Schattauer.

Bowlby, J. (2024). *Bindung als sichere Basis: Grundlagen und Anwendung der Bindungstheorie.* München/Basel: Reinhardt.

Brisch, K-H. (2014). *Säuglings- und Kleinkindalter.* Stuttgart: Klett-Cotta.

Brisch, K-H. & Hellbrügge, T. (2008). *Die Anfänge der Eltern-Kind-Bindung. Schwangerschaft, Geburt und Psychotherapie.* Stuttgart: Klett-Cotta.

Brisch, K-H. (2020). *Bindungsstörungen: von der Bindungstheorie zur Therapie.* Stuttgart: Klett-Cotta.

Cierpka, M. (Hrsg.) (2014). *Frühe Kindheit 0–3 Jahre.* Berlin, Heidelberg: Springer.

Croos-Müller, C. (Stand 02.02.2025). *Body2Brain. Die kleine Überlebens-App.* https://www.penguin.de/lp/body2brain-app

Ecker, B., Ticic, R. & Hullel, L. (2018). *Der Schlüssel zum emotionalen Gehirn.* Paderborn: Junfermann.

Egle, U. T., Hardt, J., Nickel, R., Kappis, B. & Hoffmann, S. O. (2002). Früher Stress und Langzeitfolgen für die Gesundheit – Wissenschaftlicher Erkenntnisstand und Forschungsdesiderate. *Z Psychosom Med Psychother, 48,* 411–434.

Egle, U. T., Heim, C., Strauß, B. & von Känel, R. (Hrsg.) (2020). *Langzeitfolgen früher Stresserfahrungen für die körperliche Gesundheit und Lebenserwartung.* Stuttgart: Kohlhammer.

Egle, U. T., Hoffmann, S. O. & Steffens, M. (1997). Psychosoziale Risiko- und Schutzfaktoren in Kindheit und Jugend als Prädisposition für psychische Störungen im Erwachsenenalter. *Nervenarzt, 68,* 683–695.

Fegert, J., Ziegenhain, U. & Goldbeck, L. (2013). *Traumatisierte Kinder und Jugendliche in Deutschland.* Basel: Beltz.

Felitti, V. J. (2002). Belastungen in der Kindheit und Gesundheit im Erwachsenenalter. Die Verwandlung von Gold in Blei. *Zeitschrift für psychosomatische Medizin und Psychotherapie, 48(4),* 359–369.

Fritsche, K. & Hartman, W. (2025). *Einführung in die Ego-State-Therapie.* Heidelberg: Carl-Auer.

Grawe, K. (1998). *Psychologische Therapie.* Göttingen: Hogrefe.

Grossmann, K. E. & Grossmann, K. (2011). *Bindung und menschliche Entwicklung: John Bowlby, Mary Ainsworth und die Grundlagen der Bindungstheorie.* Stuttgart: Klett-Cotta.

Gysi, J. (2020). *Diagnostik von Traumafolgestörungen: Multiaxiales Trauma-Dissoziations-Modell nach ICD-11.* Göttingen: Hogrefe.

Hakamata, Y., Suzuki, Y., Kobashikawa, H. & Hori, H. (2022). Neurobiology of early life adversity: A systematic review of meta-analyses towards an integrative account of its neurobiological trajectories to mental disorders. *Frontiers in Neuroendocrinology,* 100994. https://doi.org/10.1016

Hensel, T. (2020). *Stressorbasierte Psychotherapie* (2., erweiterte Auflage). Stuttgart: Kohlhammer.

Hidas, G. & Raffai, J. (2006). *Nabelschnur der Seele. Psychoanalytisch orientierte Förderung der vorgeburtlichen Bindung zwischen Mutter und Baby.* Gießen: Psychosozial-Verlag.

Holmes, J. & Dornes, M. (2006). *John Bowlby und die Bindungstheorie.* München/Basel: Ernst Reinhardt.

Huizink, A. C. (2006). Pränataler mütterlicher Stress und die Entwicklung des Säuglings. Möglichkeiten und Grenzen der pränatalen Stressforschung. In I. Krens & H. Krens (Hrsg.), *Grundlagen einer vorgeburtlichen Psychologie* (S. 83–93). Göttingen: Vandenhoeck & Ruprecht.

Krüger, A. & Barth-Musli, U. (2011). *Das Powerbook.* Hamburg: Elbe & Krüger Verlag GbR.

Levine, P. A. (2011). *Sprache ohne Worte: wie unser Körper Trauma verarbeitet und uns in die innere Balance zurückführt.* München: Kösel.

Levine, P. A. (2016). *Trauma und Gedächtnis: Die Spuren unserer Erinnerung in Körper und Gehirn – Wie wir traumatische Erfahrungen verstehen und verarbeiten.* München: Kösel.

Merlo, E., Milton, A. L., Goozee, Z. Y., Theobald, D. E. & Everitt, B. J. (2014). Reconsolidation and extinction are dissociable and mutually exclusive processes: behavioral and molecular evidence. *The Journal of neuroscience,* 34(7), 2422–2431.

Nadel, L. & Moscovitsch, M. (1997). Memory consolidation, retrograde amnesia and hippocampal complex. *Current Opinion in Neurobiology, 7(2),* 217–227.

Nijenhuis, E. (2016). *Die Trauma-Trinität: Ignoranz-Fragilität-Kontrolle: Die Entwicklung des Traumabegriffs.* Göttingen: Vandenhoeck & Ruprecht.

Nijenhuis, E. (2018). *Die Trauma-Trinität: Ignoranz-Fragilität-Kontrolle: Enaktive Traumatherapie.* Göttingen: Vandenhoeck & Ruprecht.

Peichl, J. (2013). *Der innere Kritiker, Verfolger und Zerstörer.* Stuttgart: Klett-Cotta

Peichl, J. (2022). *Jedes Ich ist viele Teile: die inneren Selbst-Anteile als Ressource nutzen.* München: Kösel.

Porges, S. (2012). *Die Polyvagal-Theorie.* Paderborn: Junfermann.

Purbeck, C. A., et al. (2021). *NCTSN Core Data Set Report.*

Racker, H. (2023). *Übertragung und Gegenübertragung.* München/Basel: Reinhardt.

Remmel, A., Kernberg, O. F., Vollmoeller, W. & Strauss, B. (Hrsg.) (2006). *Handbuch Körper und Persönlichkeit.* Stuttgart: Schattauer.

Rittelmeyer, C. (2005). *Frühe Erfahrungen des Kindes. Ergebnisse der pränatalen Psychologie und der Bindungsforschung.* Stuttgart: Kohlhammer.

Roth, G. & Strüber N. (2016). *Wie das Gehirn die Seele macht.* Stuttgart: Klett-Cotta.

Schiller, D., Monfils, M. H., Raio, C. M., Johnson, D. C., Ledoux, J. E. & Phelps, E. A. (2010). Preventing the return of fear in humans using reconsolidation update mechanisms. *Nature,* 463, 49–53.

Schlumpf, Y., Nijenhuis, E. R. S., Klein, C., Jäncke, L. & Bachmann, S. (2019). Functional reorganization of neural networks involved in emotion regulation following trauma therapy for complex trauma disorders. *NeuroImage: Clinical,* 23:101807.

Schwartz, A., Macalli, M., Navarro, M. C., Jean, F. A. M., Crivello, F., Galera, C., Tzourio, C. (2024). Adverse childhood experiences and left hippocampal volumetric reductions: a structural magnetic resonance imaging study. *Journal of Psychiatric Research*. 183–189. https://doi.org/10.1016/j.jpsychires.2024.09.039

Seeler, J. et al. (2021). Metal ion fluxes controlling amphibian fertilization. *Nature Chemistry 13*, 683–691.

Sendera, A. & Sendera, M. (2016). *Skills-Training bei Borderline- und Posttraumatischen Belastungsstörungen*. Stuttgart: Springer.

Shapiro, R. et al. (2020). *Ego-State Interventionen*. Lichtenau: G.P. Probst Verlag.

Skills-Liste (Stand 02.02.2025). https://stress-skills.de/skills-liste

Smyke, A. T., Zeanah, C. H., Fox, N. A., & Nelson, C. A. (2007). Placement in foster care enhances the recovery of young children from the effects of institutionalization. *Child Abuse & Neglect*, 31(12), 1177–1187. DOI: 10.1016/j.chiabu.2007.02.005

Spinazzola, J., & Briere, J. (2020). Evidence-based psychological assessment of the sequelae of complex trauma. In J. D. Ford & C. A. Courtois (Eds.), *Treating complex traumatic stress disorders in adults: Scientific foundations and therapeutic models* (2nd ed., pp. 125–148). The Guilford Press.

Statistisches Bundesamt (2024). *Pressemitteilung 304 vom 2. August 2023*. Zugegriffen am 14.02.2024 unter https://www.destatis.de/DE/Presse/Pressemitteilungen/2023/08/PD23_304_225.html

Strüber, N. (2019). *Risiko Kindheit: Die Entwicklung des Gehirns verstehen und Resilienz fördern*. Stuttgart: Klett-Cotta.

van den Bergh, B. R. H. (2006). Über die Folgen negativer mütterlicher Emotionalität während der Schwangerschaft. In I. Krens & H. Krens (Hrsg.), *Grundlagen einer vorgeburtlichen Psychologie* (S. 94–105). Göttingen: Vandenhoeck & Ruprecht.

van der Kolk, B. (1996). *Traumatic Stress*. Paderborn: Junfermann.

von Klitzing, K. (2006). Eltern-Kind-Beziehung in der Pränatalzeit und Entwicklung des Kindes. Von der Vorstellungswelt der Eltern zur Eltern-Kind-Interaktion. In: I. Krens & H. Krens (Hrsg.), *Grundlagen einer vorgeburtlichen Psychologie* (S. 123–133). Göttingen: Vandenhoeck & Ruprecht.

Yang, L. & Huang, M. (2024). Childhood maltreatment and mentalizing capacity: a meta-analysis. *Child Abuse & Neglect*, *149*, 106623. https://doi.org/10.1016/j.chiabu.2023.106623

Ziegenhain, U., Gebauer, S., Ziesel-Schmidt, B., Künster, A. & Fegert, J. (2016). *Lernprogramm Baby-Lesen*. Stuttgart: Thieme.

Ziegenhain, U. (2009). Bindungsstörungen. In: J. Marggraf, S. Schneider (Hrsg.) *Verhaltenstherapie, Bd. 3: Störungen des Kindes- und Jugendalters*. 3. Aufl. Berlin: Springer.

Ziegenhain, U. & Fegert, J. (2004) Frühkindliche Bindungsstörungen. In: C. Eggers, J. M. Fegert, F. Resch (Hrsg.) *Psychiatrie und Psychotherapie des Kindes- und Jugendalters* (S. 875–890). Berlin: Springer.

Stichwortverzeichnis

A

Achterbahnmetapher 33, 37
Adverse Childhood Experiences 21
Amygdala 28
Anscheinend Normaler Persönlichkeitsanteil 46
Anteil
– Ressourcen 47, 68
Anteile, innere 44

B

Beziehungsaufbau 36
Bezugsbetreuer*innen 65
Bezugsperson 55, 62, 72
bifokaler Fokus 63
bilaterale Stimulierung 63, 66, 73
Bindung 70
– ambivalente 17
– desorganisierte 18
– sichere 17
– unsicher-vermeidende 17
Bindungsqualität 16
Bindungsstörung 19
Bindungstrauma 14
Bindungstraumatisierung 71

C

Co-Regulation 16

D

Dissoziation 28
Dissoziations-Stop 38

E

Emotionaler Persönlichkeitsanteil 46
Entwicklungstrauma 25

F

Feinfühligkeit 16, 35, 60

G

Gegenübertragung 31
Gehirn 28
Gehirnentwicklung 11

I

innere Anteile 46
innere Kind 44
inneres Trösten 48, 98

K

Körpererinnerung 28, 52
Körpergedächtnis 30, 52
Körperintrusionen 24, 95
Körperresonanz 55, 69, 73, 89

L

Lebensgeschichte 59

P

Pflegeeltern 65
Pflegekind 65

R

Reinszenierung 32
Rekonsolidierung 48, 53, 54
Retraumatisierung 30

S

Schwangerschaft 12
sicherer Ort 30, 52
Skill 38
Stabilisierungsübung
– Lichtstromtechnik 40
– sicherer Ort 40
– Tresorübung 40
stressorbasiertes Verständnis 26
Stressregulation 34, 37

T

Täterintrojekt 46
teildissoziative Spaltung 74
Trauma-Anteil
– fragiler 46
– kontrollierender 47

Trauma-Anteile
– fragile 97
Trauma-Ressourcen-Landkarte 59
Trauma-Viereck 32
Traumata
– kumulative 72, 88
– Typ 1 13
– Typ 2 13

U

Überlebensstrategie 26
Übertragung 31

V

Vernachlässigung 12, 21